"CÓMO ELEGIR PAREJA"

(Sin arruinarse la vida)

Autor: ***Silvano Marconi***

Editor: www.lulu.com

Versión en español de la obra en lengua Italiana "Come scegliere il partner" del mismo autor, publicada por www.lulu.com.

Primera edición: Mayo 2011

Editor: www.lulu.com

Autor: Silvano Marconi

Foto en la Portada: E.Lapegna-Italai-www.edoardolapegna.com

En la portada: Barbara y Filippo escuela de tango argentino

Depósito Legal: Murcia (ES); 527/06 22/08/06

ISBN: 978-1-4476-6642-4

Blog:

E-mail: comoelegirpareja@hotmail.com

Dedico este mi trabajo a

mis padres

a

mi Familia

a

Julia

Agradecimiento:
Sin el trabajo de Julia Roca de Jódar incansable correctora de mis errores y animadora para continuar, esto libro nunca habría visto la luz. Gracias Julia.

PRÓLOGO

En el curso de la historia, el hombre se ha esforzado siempre, sin éxito alguno, en prever su futuro. Esta necesidad aplicada al campo del amor y de los problemas de relación en una pareja, ha llevado a la proliferación de varias actividades sin fundamento científico, como la astrología, la cartomancia y la magia: todo un engaño y daño para personas ingenuas e indefensas. En realidad se puede hacer mucho más, sin invocar la influencia de los planetas o de los signos zodiacales, ni recurrir a la metafísica y la magia: el futuro de una nueva pareja está aquí, en nuestras manos, en los millones de parejas que ya han pasado la experiencia de vivir juntos.

¡El futuro de una nueva pareja está en las estadísticas de las que ya han pasado!

Por cada nueva pareja que se forma, por supuesto, existen miles y miles de otras iguales que ya han vivido esta experiencia. Entonces ¿Por qué dar un salto al vacío? Se trata solo de analizar lo que ha ocurrido en iguales parejas antecedentes, disfrutar su experiencia vivida y evitar incurrir en los mismos errores.

Esta es la substancia de este manual/guía: informar a la pareja de lo que les ha ocurrido a miles de parejas iguales (o casi iguales) y sacar las oportunas conclusiones. Traducido en términos estadísticos esto significa poder indicar a la pareja la probable calidad de vida de su futura relación.

Detrás de tal resultado se esconden años de estudio acerca de la conflictividad de parejas de todas las edades en varios países de diferentes culturas y religiones.

ÍNDICE

INTRODUCCIÓN

Indagar y explicar un fenómeno tan extenso como el de la infelicidad de la pareja y de los sufrimientos y daños materiales que conlleva, es empresa difícil, donde ya han fallado, y fallan cada día, instituciones, leyes, y especialistas de fama. La dimensión de este fenómeno es tan grande y tan difuso en el interior de la sociedad, que cada uno debería intentar una contribución para solucionarlo. Nosotros hemos hecho nuestra parte elaborando este manual/guía.
Estábamos convencidos que la infelicidad de una pareja en sus variados aspectos es, en la mayoría de los casos, el resultado de una combinación de las características personales de los dos protagonistas. Pensábamos también que atribuir la responsabilidad y la culpa del malestar y de la violencia en la pareja, al hombre "machista" era demasiado sencillo y superficial, porque, en nuestra opinión, las raíces del problema están mucho más dentro de nuestra naturaleza. Cada día se publican libros, artículos o se graban películas en esta dirección: todo se explica con la maldad del hombre "machista". No es tan sencillo.
Opinamos también que la explicación del fenómeno de la infelicidad de la pareja está bien clavada dentro de millones de parejas conflictivas que se encuentran en la calle. Entonces, hemos analizado las características personales de un gran número de parejas reales llegando así al resultado que exponemos en este manual/guía.

Nuestro recorrido ha sido el opuesto al seguido normalmente: nada de teoría, sólo datos sacados de casos prácticos. El principio es sencillo, por ejemplo: si las estadísticas muestran que en el 90% de las parejas conflictivas las dos personas tienen ojos verdes, la presencia de ojos verdes en una pareja que está formándose puede considerarse como un factor de riesgo de un 90% y con este dato luego podemos hacer una previsión del destino de la pareja y de su futura calidad de vida.
Entonces, hemos analizado un número estadísticamente relevante de parejas en busca de una eventual relación entre las características personales de cada uno y la calidad de vida de la relación. Tal análisis ha confirmado el hecho de que la calidad de vida de una pareja, ya sea buena o mala, depende de la combinación de algunos factores personales de los dos protagonistas. Así hemos podido elaborar una guía que indica en términos estadísticos, la futura calidad de vida sobre la base de las características de las dos personas: un método de prevención de la infelicidad de pareja y en particular del riesgo de conflictividad y violencia.
Tiempo atrás, eran los sabios de la familia, los padres, los amigos íntimos, los que daban consejos en el momento de elegir una pareja, aún si entonces hablar de pareja significaba sencillamente "esposa" o "marido". Hoy, la estructura de la familia tradicional, hecha de elecciones y de valores directos a salvaguardar el futuro, no existe casi y los padres y los familiares, ya no pueden o no les es permitido ayudar en esta elección. Hoy los educadores o los proveedores de informaciones son TV, cine, video juegos e Internet: verdaderos padres virtuales de la moderna juventud. De tal manera, jóvenes y menos jóvenes, hoy se encuentran solos al elegir una pareja y, a menudo, acaban por aceptar que un desconocido/a entre a

formar parte de su vida, sin saber si esta relación constituye un riesgo para su calidad de vida futura.
Aclaramos que este manual/guía no quiere ser sólo una defensa de la mujer maltratada. Leyes e instituciones ya se ocupan de asistir y proteger a las mujeres con importantes inversiones y estructuras.
Nosotros queremos hacer algo más importante: prevenir la infelicidad de las parejas en todas su manifestaciones hasta la última y más grave: la violencia de género. Tendremos un mayor número de parejas equilibradas, y sin violencia, y al final, el resultado más importante de todos: reducir el número de víctimas mortales, ya sean mujeres (sobre todo) u hombres.
Para conseguir este resultado tenemos que difundir nuestro método de forma correcta entre jóvenes y menos jóvenes, explicando el porqué de la infelicidad de pareja y las raíces de tantos sufrimientos. Por esto hemos elaborado el manual en la forma más sencilla posible, nada de teorías, y nada de términos científicos, para que el método sea conocido en todos los niveles sociales, sin importar la edad, cultura o educación. El manual/guía enseña a todos los que podrían sufrir o que ya sufren por una relación infeliz cómo evitar los sufrimientos y las pérdidas materiales que tales relaciones comportan. Mujeres y hombres que ya viven una mala relación, son personas que han caído en el remolino de la recíproca desconfianza y del rencor. Entender las responsabilidades de este fracaso es imposible y, en todos los casos, inútil, pues son fuertes las convicciones de cada uno para justificar su actitud. La situación se vuelve más clara cuando se llega a la violencia física, porque en esto el hombre goza de una repugnante fama de agresor de su mujer que por ser novia, esposa, compañera o madre de sus hijos acaba siendo violada en el alma y en el cuerpo, y en su derecho de vivir.

¿Cómo puede ser que niños inocentes, de adultos, se vuelvan violadores y asesinos de su compañera, es decir hombres incapaces de aceptar la pérdida de la mujer y dejarla continuar su vida hacia un destino diferente?
¿Cómo puede ser que muchos de ellos después del crimen extremo contra su compañera se suicidan?
Este manual intenta explicar todo esto, para salvar la vida a unos pocos, y evitar arruinarse la vida a muchos.
Además tenemos que recordar que conflictividades, separaciones y divorcios afectan grandemente a la vida de los hijos y, de hecho, tienen un efecto bumerán en las futuras generaciones. Las estadísticas muestran que los hijos de parejas conflictivas, separadas o divorciadas presentan una probabilidad diez veces superior de desarrollar, a su vez, de adultos, relaciones conflictivas. Las mismas indicaciones se presentan en relación a casos de depresión y trastorno de interés psiquiátrico.
La conflictividad de la pareja ha existido siempre en todo el mundo, sin distinción de cultura, religión o raza, pero sólo ahora, gracias a los medios de comunicación, se hace visible en toda su dramática dimensión, una verdadera lacra social. Es un fenómeno sumergido de enormes proporciones, que se acerca a los desastres más grandes de la humanidad, como guerras, epidemias o cataclismos naturales.
Desde siempre, estamos acostumbrados a considerar la conflictividad y la violencia como un hecho privado de cada pareja, donde los demás no deben inmiscuirse. La noticia de que un hombre ha matado a su esposa y se ha suicidado, deja, después de la curiosidad del primer momento, totalmente indiferentes a los demás. Al contrario, se trata, a menudo, de un drama anunciado, que se ha desarrollado bajo los ojos de los demás y que podía ser evitado.
Pero las cosas ahora están cambiando. Los medios de

comunicación están despertando la atención del gran público, las grandes instituciones internacionales como ONU y Organización Mundial de la Salud declaran la conflictividad de la pareja, particularmente la violencia contra la mujer, un problema real de salud pública; e incitan a los gobiernos a emitir nuevas leyes que contengan o reduzcan el problema.
Percibimos las dimensiones de este fenómeno sumergido por factores externos como separaciones, divorcios y actos violentos, que, en realidad, son sólo la "punta del Iceberg" del problema. Según las estadísticas, por cada víctima mortal hay 2000 denuncias de maltrato y, además, la gran mayoría de los casos de violencia física o psicológica no son denunciados.
En relación a las víctimas mortales los Media dan una visión distorsionada de la gravedad del fenómeno. Se mencionan sólo las mujeres matadas por el hombre "machista", 70 sólo en España cada año. Sería al contrario apropiado decir que el balance ha sido de (como ejemplo):

- 70 mujeres asesinadas
- 25 hombres suicidas
- 4 niños matados por su padre
- 85 padres (mayores) han perdido una hija/o
- 45 hombres a la cárcel por el resto de su vida (o casi)
- 50 niños huérfanos etc.....

Para entender el tamaño del problema en la sola Europa, multipliquemos estos números por 10. En todo el mundo 100-200 veces peor. Además se calculan en millones el número de parejas infelices y conflictivas en cada país.

Conflictividad en la pareja significa también estrés, y daños sobre la salud.

¿Qué daños se sufren por vivir en una pareja conflictiva durante años y años?
Ciertamente muchos, pero no se elaboran suficientes estadísticas que relacionen problemas médicos como depresiones, gastritis, úlceras o molestias psicosomáticas, con la conflictividad de pareja.
Intervenir sobre un mal tan extenso y tan intensamente arraigado en el comportamiento humano, se convierte en una gran misión. Harán falta generaciones para que la gente común pueda asimilar la idea de que la conflictividad de pareja es un riesgo grave para la calidad de vida y para la salud misma. Dedicamos mucha atención a evitar enfermedades o accidentes que puedan dañar nuestra salud física, pero dedicamos muy poca atención al elegir una pareja, que, si es equivocada, podría estropear nuestra vida para siempre.
Desafortunadamente, la conflictividad y la agresividad tienen raíces profundas en el instinto del hombre, y así ha existido en la psique humana (y animal) durante millones de años de evolución. En el inicio, estos eran los medios con los que Madre Naturaleza aseguraba la continuación de la especie y la familia funcionaba como un instrumento de primaria importancia para la supervivencia.
Ahora, en cambio, nosotros, hombres de la edad tecnológica, del vivir civil y demócrata, entendemos que estos comportamientos instintivos implican un precio que no queremos continuar pagando. Necesitamos cambiar algunas reglas del juego y algunas modalidades instintivas en el modo de vivir y de relacionarnos con los otros. Hemos eliminado, por ejemplo, la obligación de apoyar los pies en la tierra, aprendiendo a volar, a vencer muchas enfermedades, a comunicar entre nosotros a grandes distancias, mas no conseguimos eliminar la violencia en nuestro comportamiento.

¿Por qué?

Porque todos los avances tecnológicos son el fruto de nuestra mente racional, nuestra inteligencia, y, al contrario, la agresividad es un producto de nuestro cerebro primitivo. ¿Si no conseguimos eliminar estos instintos, por qué no intentar por lo menos evitar los daños que nos causan? La naturaleza no lo sabe, pero hoy no es tan necesario agredir para sobrevivir, por lo tanto, aquellos instintos que en épocas tan remotas ayudaron, ahora ya no sirven, o sirven mucho menos. Pero Madre Naturaleza necesita millones de años para modificar la estructura psicológica de la especie. ¿Entonces eliminar agresividad y violencia en el hombre es una tarea sin esperanza?¡No, no es así! ¡El hombre tecnológico, sí que puede y lo hará muy pronto! En los próximos mil años, un plazo de tiempo irrelevante desde un punto de vista evolutivo, y siempre que no se autodestruya antes, la humanidad habrá alcanzado tal nivel tecnológico que será fácil eliminar agresividad y violencia de nuestro cerebro. Pero, hasta ese día, tenemos que actuar para evitar los efectos dañinos de nuestra naturaleza agresiva y violenta. Este manual/guía explica cómo conseguir este resultado por lo menos en la mayoría de los casos.

CAPÍTULO I

(Dónde vivimos)

1. Esta guía

En el mundo occidental, de las innumerables parejas en dificultad una pequeña minoría se dirige, a menudo demasiado tarde, al psicólogo.
El psicólogo interviene sobre los protagonistas con terapias de largo período, intentando, generalmente con escasos resultados, modificar el comportamiento de los dos y llevarlos a una relación mejor.
A las parejas en dificultad les quedan dos soluciones: adaptarse a una vida hecha de compromisos, con una baja calidad de vida, o separarse.
En ambos casos, el precio a pagar es alto.

Como hemos dicho, el presente manual, no quiere hacer psicología relacional. Afronta el problema desde un punto de vista diametralmente opuesto, observando las estadísticas y los casos prácticos, con la idea de que prevenir es, en muchos casos, la única solución: la conflictividad de la pareja puede ser prevista y evitada.
El estudio hecho de parejas conflictivas ha mostrado casi siempre la recurrente presencia de algunos factores que ejercen un papel importante como base.
Podemos concluir que la calidad de una relación no es casual, pero resulta estrechamente atada a la presencia de tales factores, por así decir "contaminantes", de la

relación.
Nuestro objetivo es que uno de los dos, al menos, lea y aprenda el método de este manual y, así, prevea su calidad de vida con su pareja para evitar el riesgo de formar una pareja conflictiva.
A la luz de los infinitos sufrimientos, tragedias y pérdidas económicas, consiguientes a una relación conflictiva, esto representa, en nuestra opinión, una oportunidad de extraordinaria importancia.

....

Secreto nº1: Este manual se basa en el estudio de las estadísticas y de los casos prácticos de parejas en dificultad con la finalidad de identificar los factores responsables.
Secreto nº2: El estudio ha confirmado que estos factores, según cómo se presentan, alteran casi siempre la calidad de vida de una relación.
Secreto nº3: Si en una pareja que está formándose identificamos estos factores, estaremos en condición de prever estadísticamente su futuro.
Secreto nº4: la disponibilidad de tal previsión constituye una oportunidad de extraordinario valor para salvaguardar el futuro de las personas.

2. Parejas en dificultad

Algunas parejas que más adelante llamaremos felices, inician una relación, ya sea breve o larga, con buena calidad de vida gracias a una elección inteligente o afortunada de la pareja. Si la relación acaba, los dos se dejan de común acuerdo, siendo "amigos". Tales parejas no necesitan aplicar el contenido de este manual.

Este trabajo se dirige en cambio a las otras parejas, que llamaremos infelices, que viven una mala o pésima vida de relación, con dificultades, sufrimientos y dramas, como la realidad de cada día nos demuestra. A menudo, son personas con diferencias profundas de cultura, edad, raza o religión; personas en las que las distintas formas de ver y administrar la vida son difíciles, si no imposibles, de conciliar.

Entre las parejas infelices nos interesan en particular aquellas que más adelante llamaremos "conflictivas", en las que la agresividad llega al extremo, en forma de violencia psicológica y física, siendo la violencia física triste privilegio del hombre.

Nuestro método está dirigido particularmente a localizar y prevenir este tipo de relaciones.

A menudo, en una atenta observación, vemos que los dos componentes de la pareja son incompatibles entre ellos; nosotros creemos que con un diferente compañero/a, elegido cuidadosamente según el método aquí presentado, cada uno de los dos podría tener una calidad de vida mucho mejor porqué una mala relación es la consecuencia de una mala elección de pareja.

Tenemos que admitir la existencia también de personas que, a causa de verdaderos trastornos psiquiátricos, no pueden relacionarse afectivamente con otra. Esos son casos extremos, y afortunadamente, se presentan en un mínimo porcentaje en la vida práctica.

Caso nº1

A tal propósito queremos citar un caso típico.
Paolo, almacenero cerca de un hipermercado, 28 años con una adición a la droga, rebelde a cualquier tratamiento, ha llevado a la ruina su relación de varios años con Francesca, italiana de 27 años. La de los dos ha sido una vida de infierno durante 4 años hechos de continuas promesas no mantenidas por parte de él, y frustraciones y desilusiones continuas por parte de ella, que con su amor esperaba sanar los problemas de Paolo con la droga. Después de una ruptura dolorosa, Francesca ha salido de la relación, demolida psicológicamente, con heridas difíciles de cicatrizar.
Paolo, continuando con su adición ha encontrado a Susy, una chica también con problemas de droga, y ha formado con ella una nueva pareja viviendo juntos en condiciones casi miserables, pero sin conflictividad..

Después de un largo período de convivencia, Paolo y Susy se han encaminado hacia una lenta recuperación, en comunidad de recuperación.
Francesca después de 2 años de aislamiento y de atormentada recuperación ha encontrado un estudiante de música, como ella, y vive una relación de absoluta normalidad.

En este caso, claramente, cada uno de los dos no era una buena elección para el otro, y cada uno con una persona diferente ha podido construirse una relación estable y tranquila.
Es un ejemplo de cómo personas aparentemente incapaces de una vida a dos, pueden con otro/a formar una pareja no conflictiva.
Parejas mixtas, como la mostrada en este caso (que más adelante llamaremos "parejas límite") con fuertes diferencias (él es un drogadicto, ella no) son muy numerosas entre los jóvenes, según las estadísticas. Son casos en que una persona normal se enamora de un tóxico-dependiente, y se hunde en la ilusión de poder sacar al compañero/a de su dependencia.
Ahora bien, en la gran mayoría de los casos, una relación como ésta, pasado un primer período, degenera luego en continuos contrastes y sufrimientos para ambos. La víctima casi siempre resultará ser la persona no drogadicta que acabará a menudo por arruinarse la vida.
Trataremos en detalle este asunto más adelante.

Por fin aclaramos que aunque nuestro método se dirige sobre todo a la prevención, es también muy útil para parejas ya formadas porque puede indicar a los protagonistas los factores - base de sus problemas, ayudándolos a entender y administrar su convivencia.
En los casos más graves, cuando la malsana relación toma la forma de un verdadero maltrato, nuestra guía avisa a la víctima de cómo podría degenerar su vida de pareja, llevándola a necesitar ayuda y protección.

....

Secreto nº5: El presente manual/guía está dirigido a salvar el futuro de las parejas en formación, pero también ayuda a las parejas ya formadas, indicando el porqué de sus dificultades, si existen.
Secreto nº6: El presente manual/guía ayuda a tomar conciencia de los riesgos de vivir una relación conflictiva.
Secreto nº7: El presente manual/guía ayuda a evitar formar parejas infelices.

3. La violencia física y psicológica

Pongamos nuestra atención en los casos de violencia de género que aparecen en los medios de comunicación, porque son la punta del iceberg de un sufrimiento vasto y difuso en la sociedad, a menudo el único indicador del fenómeno para el público común.
Las estadísticas muestran que las parejas felices están claramente en minoría y que, en la mayor parte de los casos, uno de los dos se ha sacrificado a sí mismo para adaptarse al otro y aguantarlo. En otros casos, ambos se aguantan para salvar la unión y el destino de la familia y de los hijos.
En las parejas sin hijos, normalmente es uno de los dos (el más débil) el que se sacrifica para no perder a la persona que ama.
Las parejas "infelices" donde empiezan a aparecer señales de maltrato psicológico están también presentes en las estadísticas.
Menos numerosas, mas no por esto menos importantes, son las parejas "conflictivas", donde se presenta una verdadera violencia psicológica y física. En la gran

mayoría de los casos se trata de violencia del hombre contra la mujer, aunque se da también casos de violencia (normalmente sólo psicológica) de la mujer contra el hombre.

Caso nº2

Giovanni, 53 años, una tienda de calzados en la periferia de Milán, está casado con Amanda, 46 años, baja escolaridad, dos hijos.
Él tiene desde hace tiempo una relación con una joven, colaboradora de la tienda, hecho bien conocido por todos, y, naturalmente, por Amanda; a pesar de eso, ella se encarga de los hijos y de la casa, a menudo humillada por el marido, como mujer y como ser humano. Sexo entre los dos: ni uno. Un compromiso de vida que ha llevado a Amanda a apagarse precozmente como mujer, lo que para Giovanni resulta ser muy conveniente.

Ésta es una relación donde está presente un maltrato psicológico continuo, que no irá degenerándose en el tiempo, por lo menos mientras continúa el compromiso. Nuestro método, aplicado antes de que la relación se formase, habría observado, ante todo, que Giovanni, antes de casarse, había tenido numerosas relaciones de breve período; mientras, Amanda sólo había tenido en su juventud dos novios, cada uno durante varios años: estos datos, junto a otros factores, habría dado indicaciones sobre el futuro probable de la pareja; es decir, que pasado el primer periodo de pasión, Giovanni se habría cansado de su relación con Amanda y habría buscado y encontrado otras relaciones.

No es difícil prever que cuando los hijos hayan crecido Amanda, faltándole otros intereses, se quedará sola y Giovanni, por su parte, se enterará de la existencia de Amanda, sólo cuando su joven amante lo abandone por otro también joven.

Sabemos que el problema de una errada elección de la pareja y las relaciones conflictivas que conllevan, tiene dimensiones enormes en el mundo de la religión cristiana, donde las parejas infelices, y las conflictivas son porcentualmente altas.
Las estadísticas nos enseñan que el 25% de los hombres acaban por usar violencia física o psicológica contra la compañera y que el 20% de las mujeres ejercen violencia psicológica hacia el compañero. Sólo en Europa, cada año, un millar de mujeres pierde la vida a manos de su pareja o ex pareja, y las denuncias por maltratos rozan el millón. Las leyes directas a reducir el número de víctimas mortales son un fracaso total, a pesar de los esfuerzos de gobiernos e instituciones.
Se dictan leyes cada vez más punitivas contra "el maltratador", con órdenes de alejamiento que, supuestamente, deberían obligar al responsable a estar lejos de la compañera, pero resultan muchas veces inútiles, y hasta contraproducentes.
La frustración por la fallida reducción de las víctimas mortales y el sentido de impotencia ya ha llevado a algunos gobiernos a emitir leyes extremas bajo el perfil democrático.
Miremos, por ejemplo, España, que no es el caso peor de Europa, dónde por término medio, una mujer es matada

por su pareja o ex-pareja cada semana.
En España, han sido emitidas leyes al límite de la constitucionalidad, donde se prevén penas más severas si el asesino es un hombre. ¿Los ciudadanos, en democracia, no son todos iguales frente a la ley?

Sorprende, luego, que la violencia hacia la mujer esté más fuertemente presente en los países del Norte de Europa, donde, gracias a una mentalidad más desarrollada y abierta, se esperaría una menor incidencia de parejas infelices o conflictivas.

Los círculos feministas por su parte, frente a la invariabilidad del número de mujeres matadas cada año, difunden a toda costa la cruzada de "muerte al machista" y se niegan a descubrir los motivos profundos del drama ya que eso implicaría, según ellos, la búsqueda de atenuantes para el hombre asesino. Otra indicación de este modo errado de afrontar el problema, es el hecho de que se citan sólo el número de víctimas femeninas y casi nunca los muchos hombres que se suicidan (uno cada 10 mujeres asesinadas), después de haber matado a su compañera o ex compañera. Así se descuida o se ignora intencionalmente, uno de los aspectos más importantes e indicativos del fenómeno: el estado mental de un maltratador.
Los asesinos son seres humanos y cuando se suicidan, se pierde una vida más.
El hecho de que el maltratador-asesino se suicide o se entregue espontáneamente a la justicia, como ocurre en la gran mayoría de los casos, son aspectos muy importantes para entender las condiciones mentales en que estos

hombres se encuentran.
Subrayando que la ley debe ser aplicada con toda la dureza posible para hacer justicia, los muchos casos de asesinato-suicidio nos llevan a pensar que existen mecanismos profundos que empujan a algunos hombres a realizar estos crímenes. .
Otra indicación importante es que la violencia extrema contra la mujer está presente, y siempre lo estuvo, en todos los países, en todas las culturas y en todas las religiones; lo que indica que el instinto de agresividad contra las mujeres no está enlazado a una determinada cultura, época o etnia, sino que es común a todos los hombres pasados y presentes.
Entonces surge la pregunta: ¿Qué tienen en común todos los hombres del planeta? Por supuesto, no el cerebro racional e inteligente que está relacionado con la religión y la cultura de cada población. ¿Entonces qué? Respuesta: **el cerebro primitivo** o el cerebro pica-piedra o la memoria genética, como lo queramos llamar.
O sea, la existencia de un maltrato generalizado demuestra que los orígenes del problema están profundamente arraigados en el cerebro del hombre.
Más adelante veremos porqué en el asunto de la mujer, de la "propia mujer", lo que actúa no es el cerebro racional del hombre, sino su cerebro primitivo.
Entendiendo las condiciones anómalas en que se pone la mente del hombre-violador-asesino se podría intervenir antes y evitar que el drama se cumpla.

....

Secreto nº8: Existen impulsos profundos que llevan a

algunos hombres a la violencia.
Secreto nº9: La violencia física, en una pareja extrema, es triste privilegio del hombre contra la mujer.
Secreto nº10: La violencia psicológica en una pareja no es exclusiva del hombre; la mujer algunas veces la ejerce.

4. La pareja equivocada

Muchas parejas, y más, y más cada día, encuentran una vida de contrastes, de dificultad y de sufrimientos que, en los casos extremos y frecuentes, acaban en las páginas de los periódicos como dramáticos hechos de crónica. Tales parejas son absolutamente infelices por vivir juntos y su pésima calidad de vida está muy lejana de las que cada uno de los dos esperaba al inicio de la relación.

Como ya hemos dicho, se trata de un fenómeno social de grandes dimensiones y un verdadero drama para los protagonistas, con daños psicológicos y materiales.

Frente a un problema como éste, la sociedad no logra hacer algo para evitarlo.

Los protagonistas no hablan, o hablan muy poco, con los demás, pensando que el asunto es parte de su vida privada y no pueden ayudarle. Esperan un cambio en el comportamiento de su pareja, que nunca llega. En el caso de parejas casadas, el número de separaciones y divorcios está en continuo crecimiento con daño particularmente para los hijos que, con el trauma del conflicto entre los padres y la pérdida de uno de ellos, sufrirán consecuencias para toda su vida.

En la mayoría de los casos son las mujeres las que piden la

separación y después el divorcio, no aguantando más una situación de objetivo maltrato; alguna vez, el continuo incremento de separaciones y divorcios está relacionado con la búsqueda por parte de algunas mujeres de la libertad a cualquier coste, malinterpretando el espíritu del feminismo.

Caso nº3: Un ejemplo muy común

Piero era estudiante de derecho cuando encontró a Laura, una enfermera emigrante. Ambos tenían un tranquilo futuro por delante. Laura encontró fácilmente trabajo gracias a su profesión y ya trabajaba desde hacía 3 años cuando encontró a Piero. Él había tenido sólo un noviazgo de largo período, antes de conocer a Laura. Su novia lo había abandonado, cansada de esperar que acabase los estudios. Laura, por su parte, había crecido en una familia pobre, y había tenido muchos novios con historias de breve período. Ella constituía un sostén económico para su familia lejana.

Estaba empapada de un feminismo, reactivo a las condiciones lastimosas en que había crecido y esto la llevaba a una intolerancia a los noviazgos largos; esto ponía a Piero en una continua sensación de poder perderla de un día a otro.

Cuando Piero fue abogado y encontró trabajo, le pidió matrimonio, con la esperanza de retenerla y superar las intolerancias que Laura mostraba hacia su relación.

Tuve la suerte de ser consultado antes de la boda. Nuestro

método evidenció los riesgos para los dos por las diferencias de origen y cultura, y por el hecho de que Laura había demostrado no saber conducir una relación por mucho tiempo.
A pesar de las indicaciones contrarias de nuestro método, la boda civil tuvo lugar.
La boda no cambió la vida sexual de esta pareja porque los dos habían ya vivido el período que más adelante llamaremos de la "pasión", es decir, de la sexualidad más intensa.
Lo que la boda trajo fue el malestar de una forzada convivencia, mal aguantada por parte de Laura, cada vez más impaciente por su deseo de libertad.
El malestar se transformó en conflictividad en medida superior a la prevista. Laura quería estar libre y frecuentar a sus amigos y, (¿por qué no?) novios anteriores, e ir a bailar y divertirse. Piero, por su parte, no tardó en dedicarse a su pasatiempo preferido: pescar.
El nacimiento de una niña tuvo un efecto calmante sobre las exuberancias de Laura y conciliador entre los dos, sin embargo, sólo fue temporal.
Cuando la niña tuvo dos años, los problemas emergieron de nuevo, nueva conflictividad, nuevas peleas. La quiebra de la relación y la ruptura llegó rápidamente cuando Laura perdió su trabajo, y tuvo que permanecer en casa mucho más que antes. Piero se encontró solo para mantener mujer e hija, y mandar ayuda económica a la familia de Laura. Finalmente, los dos se separaron y Laura acabó en su país de origen con su familia y con la tarea de hacer crecer a la niña. Piero, acabó solo en Italia, con la obligación de enviar la mitad de sus ingresos para la manutención de su ex-mujer y su niña.

El caso anteriormente mencionado se refiere a una tipología de relación muy común.
En nuestra convicción, los dos habrían podido, con una diferente elección de pareja, tener un futuro mejor, evitando apuros y sufrimientos.
Son casos donde se ha elegido una pareja equivocada por parte de ambos y, a pesar de eso, se llega a la boda y nacen hijos. La calidad de vida de la pareja, pasado un primer período de intensa sexualidad, se revela pésima. La llegada de hijos tapona temporalmente la situación pero la conflictividad emerge inevitablemente después, cuando los niños alcanzan los 3 o 4 años.
Finalmente, se llega a la separación y al divorcio con mucha rabia en el corazón por parte de los dos, y siempre con la convicción de que toda la culpa es "del otro."
Los daños que derivan de esta situación son dramáticos, aunque hoy mucha gente, ya acostumbrada a la práctica del divorcio, no percibe las consecuencias: destrucción de la familia, pérdidas económicas, daños psicológicos sobre los hijos, etc. Mujeres señaladas de por vida, quemadas en los sentimientos, cerradas en sí mismas y hombres solos, demolidos afectiva y económicamente.
Se trata, en verdad, de situaciones que, al menos en parte, pudieron ser evitadas, ya que a menudo derivan sencillamente del hecho de que las parejas eran claramente incompatibles.
Lo que más llama la atención es que tales personas, en los años precedentes a la relación, habían gastado sus mejores energías para construirse una buena calidad de vida: habían estudiado durante años, buscado y

encontrado un trabajo, y se habían creado un mundo de amistades y valores, con buena perspectiva para su futuro.
Después del divorcio, algunos (afortunados) encontrarán una nueva pareja apta para ellos y podrán vivir con tal persona una buena calidad de vida, obviamente, arrastrando daños y sufrimientos.
Otros, menos afortunados, elegirán de nuevo una pareja equivocada y sufrirán una vez más.

Más adelante analizaremos las condiciones y los riesgos que encuentran los separados/divorciados, buscando una nueva pareja.

....

.

Secreto nº11: Existe un riesgo relevante de que después de una separación o un divorcio los protagonistas repitan los mismos errores en la elección de una nueva pareja.
Secreto nº12: Los dramáticos hechos de la crónica negra ocurren, en la mayoría de los casos, en el interior de parejas conflictivas con baja calidad de vida.

5. Remedios

El remedio para evitar arruinarse la vida está en entender y aplicar el contenido de esta guía.

Años de observaciones de la vida real y de las estadísticas relativas a las víctimas en parejas conflictivas, nos hace concluir que la infelicidad de una relación y, sobre todo, la violencia contra la pareja, que representa de ello el

marcador más evidente, no está relacionada a un cierto tipo de sociedad, cultura, época o religión sino que derivan de causas localizables en mecanismos profundos de la psicología humana.
El hombre ha vivido millones de años de evolución siguiendo estos mecanismos y un millar de años de civilización no puede cambiar esta naturaleza.
Madre naturaleza necesita de millones de años de evolución para modificar las características de un ser viviente y, para el hombre, no existe excepción.
Por tanto, modificaciones de comportamiento que pertenecen a nuestro cerebro primitivo no parecen posibles para un futuro cercano de la humanidad.

La conflictividad y la agresividad son parte de nosotros; se trata de algunos medios que la naturaleza nos ha inculcado para conseguir los dos objetivos primarios e irrenunciables: vivir y reproducirse.
Desde las más antiguas civilizaciones, en todo el planeta se ha intentado poner la agresividad y la violencia bajo control, penalizando a los violentos, pero sin éxito. Podemos decir que bajo este punto de vista, leyes y religión han fracasado desde siempre: el hombre siempre ha matado y seguirá matando a pesar de leyes, por muy punitivas que sean, (léase pena de muerte y cánones morales y religiosos). Usted podrá opinar que se mata menos, y quizás sea verdadero, pero lo que importa es que se sigue matando.
Leyes y religión han hecho algo peor: de una forma u otra han aceptado y reconocido el derecho del hombre a dominar, violentar y ¡matar a su mujer!
En el mundo musulmán el predominio del hombre sobre

la mujer es absoluto todavía al día de hoy, y en el mundo cristiano lo ha sido hasta tiempos recientes.
Pocos años atrás, por ejemplo, a un hombre que sorprendía a su mujer con su amante y mataba a los dos, la ley le ponía una pena irrisoria ("delito de honor") y prácticamente lo absolvía.
Pese a leyes y religión, la verdad es que algunos comportamientos, sobre todo instintivos, que el hombre ha heredado de su origen animal, no pueden ser eliminados, al menos, en el estado actual de nuestra civilización.
Eso implica que, junto a muchas iniciativas y leyes más o menos represivas, tenemos que buscar otras vías para salvar vidas y evitar sufrimientos.
En nuestra experiencia, la prevención es por excelencia la solución mejor.
Para prevenir la agresividad en la pareja y con ella todas las relativas complicaciones y evoluciones, es necesario contar con un método que permita adelantar la suerte de una relación, antes que ésta se inicie; valorar los riesgos relativos, dando la posibilidad de aclarar ideas antes de elegir, antes de poner la misma vida y todo cuanto hemos construido en las manos de una persona que, de momento, nos es prácticamente desconocida.
El objetivo de este trabajo, por lo tanto, es llevaros a elegir un pareja que pueda satisfacer vuestras expectativas, sean cuales sean, viviendo una relación, breve o larga, con una buena calidad de vida y que, al final, si tiene que acabar, se concluya sin traumas.
Sabemos que la materia es compleja y la tarea ardua, ya que la elección de una pareja está sometida a innumerables factores, condiciones y circunstancias. Sin embargo, hemos elaborado un modo de simplificar los posibles

casos que se presentan, proponiéndoos un método útil para localizar los eventuales riesgos que podéis correr con la pareja que estáis eligiendo.
Si luego, a pesar de las indicaciones contrarias sugeridas por nuestro método, habéis decidido en todo caso iniciar tal relación, tendréis, al menos, elementos de reflexión para una mejor gestión de la futura relación con la nueva pareja.
Nosotros nos proponemos, en particular, ayudar a aquellas personas que, por naturaleza, educación o extracción social, se dejan fácilmente arrastrar por los instintos, o por el corazón, como se decía antes, y que son, como veremos, las más expuestas a cometer graves errores.
Como Madre Naturaleza quiere, los instintos que tenemos dentro de nosotros nos empujan a la unión con el otro sexo sólo con el objetivo de procrear y no valoran la calidad de vida que la pareja va a tener.
Al contrario, el método propuesto ayuda a contestar a la crucial pregunta:
¿...Después, pasado el primer período de entusiasmo y pasión, podremos continuar viviendo felices?

Veremos más adelante que existe un punto firme antes de poder contestar: una persona puede aceptar o rechazar una pareja sólo si la relación no se ha iniciado todavía. De un punto de vista psicológico la relación se inicia con los primeros contactos sexuales, y después de tal momento, la relación, en la mayoría de los casos, resulta más, mucho más, difícil de interrumpir: un verdadero "punto de no retorno".
Muchísimos dramas han ocurrido y ocurren cada día, intentando interrumpir una relación ya iniciada. La

literatura está llena de ejemplos de estas dificultades y de los dramas que conllevan.

Aclaramos, por fin, que no es intención de este trabajo clasificar las posibles parejas como buenas o malas; aquí el concepto de "culpable o inocente" no encuentra sitio, ya que en cuestiones de pareja, cada uno se comporta según las leyes dictadas por su herencia biológica y psicológica, su cultura y sus experiencias de vida y siempre como respuesta al comportamiento del otro.

El concepto de culpable o inocente pertenece a la ley humana que tiene la responsabilidad de juzgar y absolver o condenar.

Al contrario, para nosotros hay sencillamente parejas justas y parejas equivocadas y una pareja que para alguien fue equivocada, podría ser en cambio una buena elección para otro.

De esta afirmación debemos, sin embargo, excluir los casos de las personas que sufren serios trastornos de carácter o comportamiento que les impiden mantener cualquier relación.

....

Secreto nº13: La ruptura de una relación está casi siempre acompañada de sufrimientos. En los casos de separación legal o divorcio, a los sufrimientos psicológicos se añaden graves pérdidas económicas y serios daños psicológicos a los críos.

Secreto nº14: Las parejas equivocadas y la violencia están presentes en todas las sociedades, culturas y etnias y siempre han existido.

Secreto nº15: Luchar contra instintos clavados en el cerebro del hombre es casi imposible. La mejor alternativa para evitar arruinarse la vida es **la prevención**.
Secreto nº16: Si eres una persona equivocada para una pareja, podrías ser la justa para otra.
Secreto nº17: Si tu pareja no es una persona adecuada para ti, podría ser un buen compañero/a para otro/a.
Secreto nº18: Nuestro método deriva, no de estudios teóricos, sino de la observación de los casos reales.

RESUMEN DEL CAPÍTULO I

Secreto nº1: Este manual se basa en el estudio de las estadísticas y de los casos prácticos de parejas en dificultad con la finalidad de identificar los factores responsables.
Secreto nº2: El estudio ha confirmado que estos factores, según cómo se presentan, alteran casi siempre la calidad de vida de una relación.
Secreto nº3: Si en una pareja que está formándose identificamos estos factores, estaremos en condición de prever estadísticamente su futuro.
Secreto nº4: La disponibilidad de tal previsión constituye una oportunidad de extraordinario valor para salvaguardar el futuro de las personas.

Secreto nº5: El presente manual/guía está dirigido a salvar

el futuro de las parejas en formación, pero también ayuda a las parejas ya formadas, indicando el porqué de sus dificultades, si existen.
Secreto nº6: El presente manual/guía ayuda a tomar conciencia de los riesgos de vivir una relación conflictiva.
Secreto nº7: El presente manual/guía ayuda a evitar formar parejas infelices.
Secreto nº8: Existen impulsos profundos que llevan a algunos hombres a la violencia.
Secreto nº9: La violencia física, en una pareja extrema, es triste privilegio del hombre contra la mujer.
Secreto nº10: La violencia psicológica en una pareja no es exclusiva del hombre; la mujer algunas veces la ejerce.
Secreto nº11: Existe un riesgo relevante de que después de una separación o un divorcio los protagonistas repitan los mismos errores en la elección de una nueva pareja.
Secreto nº12: Los dramáticos hechos de la crónica negra ocurren, en la mayoría de los casos, en el interior de parejas conflictivas con baja calidad de vida.
Secreto nº13: La ruptura de una relación está casi siempre acompañada de sufrimientos. En los casos de separación legal o divorcio, a los sufrimientos psicológicos se añaden graves pérdidas económicas y serios daños psicológicos a los críos.
Secreto nº14: Las parejas equivocadas y la violencia están presentes en todas las sociedades, culturas y etnias y siempre han existido.
Secreto nº15: Luchar contra instintos clavados en el cerebro del hombre es casi imposible. La mejor alternativa para evitar arruinarse la vida es la prevención.
Secreto nº16: Si eres una persona equivocada para una pareja, podrías ser la justa para otra.

Secreto nº17: Si tu pareja no es una persona adecuada para ti, podría ser un buen compañero/a para otro/a.
Secreto nº18: Nuestro método deriva no de estudios teóricos, sino de la observación de los casos reales.

CAPÍTULO II

(Cómo La Madre Naturaleza nos manda)

1) Quiénes somos: cómo y porqué

Alrededor de nosotros existe un mundo inanimado y un mundo viviente; éste último tiene la extraordinaria capacidad de reproducirse y continuar la vida hacia delante por millones y millones de años.
Pero hay otro protagonista, del que advertimos su presencia sin saber realmente qué es: el tiempo. Ninguno de nosotros sabe con exactitud qué es, pero lo percibimos por los efectos que produce: la sucesión del día / noche y de las estaciones; y también hemos construido máquinas capaces de medirlo.
Otro sorprendente fenómeno bajo nuestros ojos es que el tiempo ejerce sobre el mundo inanimado y lo animado un efecto de constante y progresivo deterioro. Todas las cosas, vivas o no, envejecen perdiendo sus calidades. Además, el tiempo pasa solamente en una dirección: un objeto frágil como un vaso, si cae al suelo, se rompe en varios trozos; luego en el correr del tiempo, el vaso ha pasado de un estado donde tenía forma y belleza a un estado donde sus propiedades se han perdido. Nunca asistiremos a una inversión de lo ocurrido en el tiempo, es decir, a una espontánea recuperación de la forma y de la belleza del vaso.
Para conseguir el efecto de ordenar las cosas (recomponer los trozos del vaso), o para tener en buen estado las cosas, y, por lo

tanto, oponerse al efecto deletéreo del tiempo, hace falta la intervención de una inteligencia como la humana. La intervención de una persona podría recuperar el vaso en todas sus propiedades iniciales.
Generalizando, se puede afirmar que sólo la inteligencia puede oponerse al efecto del tiempo.
Pero no es sólo esto: el vaso había sido creado por un hombre; podemos así afirmar que la inteligencia es capaz de "crear" cosas con "propiedades propias".
Lo del vaso es un ejemplo ciertamente banal, pero enseña que una cosa formada por una composición ordenada de partes es fruto de una inteligencia y que la inteligencia es capaz de solucionar o reducir los efectos que el pasar del tiempo produce.
Nuestra inteligencia ha llegado ya a construir cosas extraordinarias: máquinas que se mueven solas, otras que vuelan, otras que ejecutan cálculos, otras que nos enseñan escenas de lugares lejanos de nosotros.
El hombre mismo, sin hablar de los millones de otras especies vivientes, es un ordenado sistema de partes, un milagro de ingeniería y de bioquímica, y en cuanto tal, parece fruto de una forma de inteligencia superior: El que nos ha creado y ha engendrado la vida que vemos alrededor. Le dejamos al lector "nombrar" esta inmensa fuerza creadora según sus creencias religiosas o laicas.
Queremos además llamar la atención del lector sobre el hecho de que la materia viviente, a diferencia de la materia inanimada, tienen un comportamiento suyo, es decir:
-crea automáticamente formas de vida sin necesidad de intervención externa;
-tales formas de vida envejecen como las cosas inanimadas pero, antes de morirse reproducen una nuevas formas de vida

(descendencia) jóvenes y eficientes, eliminando el efecto de deteriorarse con el tiempo;
-los millones de formas de vida tienen una forma propia de reproducirse.

El hombre, tiene su propio comportamiento reproductivo que se ha demostrado vencedor en los millones de años de su evolución, puesto que hoy nosotros estamos aquí.
La elección de su pareja para la reproducción es parte de este comportamiento ganador.
Se hace notar que la llegada de la inteligencia hace cuarenta mil años, no ha cambiado las modalidades de nuestro comportamiento reproductivo y sobre todo de la elección de la pareja.
Además, observamos que la naturaleza tiene un único objetivo bien preciso: actúa para que cada forma de vida viva y se reproduzca. Parece evidente que para La Madre Naturaleza nosotros somos "transportadores de ADN" en el tiempo a través de nuestra descendencia.
Para alcanzar tal objetivo, es decir, llevarnos a la cópula y a la reproducción, La Madre Naturaleza ha colocado en nuestro cerebro un sistema muy eficiente y, además, automático, no percibido a nivel consciente.
El primer paso es obviamente la elección de una pareja. Las modalidades de elección, que en millones de años han resultado más eficientes, están bien empotradas en nuestra memoria genética.
Por esto es que nos gustan algunos particulares aspectos, y no otros, en una posible pareja; ante todo, un aspecto físico sano y atractivo. Tenemos en el cerebro como un modelo que la futura pareja tiene que satisfacer, un modelo que asegura la mejor descendencia.

El hecho de que este modelo es igual en todas las razas, culturas y religiones indica que es parte de nuestro cerebro más antiguo y primitivo, es decir, de nuestra memoria genética.
En el momento en que reconocemos los rasgos de tal modelo en una persona, se desarrollan emisiones de hormonas, que activan los centros del placer y todo aquel complejo proceso mental que llamamos enamoramiento.
Se comprende, por lo tanto, que la elección de pareja, en cuanto "condicio-sine-qua-non" para la reproducción de la vida, recae desde siempre en la esfera de los comportamientos instintivos e intensamente arraigados en nuestro cerebro primitivo.
Nosotros obedecemos de forma automática y escondida a mandos extremadamente sofisticados, no percibidos por parte de nuestra conciencia, y directos a alcanzar los objetivos fundamentales: vivir y reproducirnos.
Pero La Madre Naturaleza hace mucho más para asegurar el alcance de su objetivo: usa el sistema de penalización y de gratificación, es decir, que cualquier acción dirigida al logro de los objetivos primarios es acompañada por una sensación de placer (gratificación), y al revés, cualquier cosa que hacemos que va contra los mismos objetivos es acompañada por una sensación de pena o dolor (penalización).
Este sistema, aplicado a la elección de pareja, significa que cuando nuestro cerebro primitivo identifica otra persona como posible pareja, cualquiera acción directa a favorecer el encuentro es acompañada de una sensación de placer, mientras cualquier otra, encaminada contra tal objetivo, es acompañada de una sensación de sufrimiento; estas sensaciones son tanto más fuertes cuanto más estamos dentro del proceso de enamoramiento, alcanzando el máximo al momento de los primeros contactos sexuales.

Por esto que nuestro método recomienda hacer el análisis del futuro de la relación antes de los primeros contactos sexuales: después sería mucho más doloroso y casi imposible o arriesgado cambiar de opinión y romper la relación.

Aunque puede parecer obvio a algunos, la gran mayoría de nosotros no percibe las consecuencias fundamentales que para nuestra vida derivan de estos comportamientos queridos por la naturaleza.
Elegimos instintivamente nuestra pareja, impulsados por La Madre Naturaleza, sin considerar a qué destino nos llevará esta elección: una feliz relación o un serio daño a nuestra futura calidad de vida. .
Siempre recordemos al lector que la humanidad en el 99% de su existencia ha vivido en pequeños grupos, con pocas reglas simples e instintivas enfrentándose a la hostilidad ambiental para sobrevivir. Ahora de repente, en unos miles de años de civilización (sólo un instante en términos evolutivos), la raza humana se encuentra viviendo de forma absolutamente diferente de aquellas naturales del pasado, pero obedeciendo los mismos instintos profundos en nuestro cerebro primitivo. Resulta lógico deducir que nuestros comportamientos instintivos ya no resultan aptos al actual modo de vivir del género humano, y eso es particularmente verdadero en el hecho de la sexualidad y la elección de pareja.
Durante millones de años la sexualidad ha sido vivida de forma instintiva, como Madre Naturaleza quiere para procrearnos, pero ahora hemos aprendido como desfrutar del placer sexual evitando el riesgo de un embarazo y esto ha sido una gran conquista para el mundo femenino: el derecho de planificar la maternidad según sus deseos y no sufrirla como un “accidente”.

Se comprende, por lo tanto, cómo esta nueva sexualidad y la misma elección de pareja tenga que ser administrada por reglas diferentes.

....

Secreto nº19: Hoy la elección de la pareja todavía sigue los mismos instintos primordiales que ha seguido por millones de años para asegurar la continuación de la especie. Estos instintos son poderosos y muy eficaces.
Secreto nº20: La gran mayoría de los individuos en el momento de elegir a su pareja, no reflexiona sobre las consecuencias que tal elección puede traer a su vida futura.
Secreto nº21: Un primer paso para evitar sufrimientos y daños materiales consiste en cambiar las reglas de cómo elegir una pareja. No más instintos (o sólo instintos), más racionalidad.

2) Emparejamiento y Supervivencia

En la sociedad moderna, el sobrevivir es un objetivo obvio y tener prole no es prioritario como en la prehistoria, cuando la prole significaba la única manera para sobrevivir una vez que el individuo envejecía; entonces, los métodos instintivos para alcanzar los dos objetivos primarios de Madre Naturaleza (vivir y sobrevivir) no son tan importantes como antes.
Como sabemos, la reproducción de la especie humana se basa en el acoplamiento de dos sexos, el macho y la hembra; dos seres diferentes, no sólo físicamente, sino también, y sobre todo, psicológicamente. La Madre Naturaleza ha asociado al acoplamiento una fortísima gratificación: la del placer sexual vista la crucial importancia que la unión física de los dos reviste para la continuación de la vida.
Hemos visto que el instinto de emparejarse para reproducirse es un mecanismo que actúa en la parte más antigua y profunda de

nuestro cerebro y que ha funcionado perfectamente en millones de años hasta llevarnos al desarrollo actual. Aprendemos por lo tanto a respetarlo y a percibir la fuerza e importancia que tiene en nuestra vida.
Sin embargo, sociedades, culturas y religiones han intentado llevarnos a administrar la sexualidad y la elección de pareja según leyes y reglas morales, externas a nuestros instintos, obligándonos a vivir la sexualidad en el interior de la familia y con el fin de reproducirnos.
Ciertamente, continuamos teniendo hijos y formando familias, pero cada vez más en forma secundaria con respecto a cómo ocurría en el pasado y viviendo, en todo caso, numerosas experiencias amorosas antes de conformarse con la tranquilidad de la familia. Esta costumbre de vivir muchas relaciones, junto a los placeres, comporta también un precio a pagar, ya que, como veremos dentro de poco, cada encuentro, cada aventura, cada historia de amor que se interrumpe, implica también riesgos.
En tiempos más recientes, y me refiero en particular al mundo occidental y de religión cristiana, la sociedad se ha orientado fuertemente hacia una general libertad del individuo a elegir el propio modo de vivir y de administrar todo cuanto concierne a su vida íntima y sexual. Por ejemplo, recordamos que hasta alguna generación atrás, para tener una pareja hacía falta unirse en la boda religiosa. La elección de pareja era derecho y tarea de los padres; ellos elegían e imponían noviazgos y bodas a sus hijos.
En ese tiempo, las jóvenes mujeres padecían fuertes restricciones materiales, morales y sociales sobre cómo y cuándo vivir la sexualidad; una de estas era la de estar en casa con los padres hasta la boda, porque salir solas o junto a amigas, era considerado censurable e inmoral.

En aquel tiempo, para chicos y chicas la boda casi era el único medio para tener una pareja y los encuentros sexuales extraconyugales eran raros y pesadamente condenados por la moral y la religión.
La religión cristiana ha tenido un papel fundamental en todo esto. En los dos mil años de su historia, ha mantenido una actitud fuertemente represiva y punitiva, sobre todo hacia la mujer, reconociéndole el derecho a tener relaciones sexuales "sin pecado" sólo en el interior de la familia y exclusivamente con fines procreativos.
En tales condiciones, contrariamente a cuanto ocurre hoy, la mayor parte de las personas tuvieron pocas relaciones y muchas, vivieron en la boda su única experiencia sexual.
La situación de hoy es muy diferente. Las estadísticas, en efecto, dicen que vivimos una media de cinco historias de amor antes de unirnos con el que formaremos una familia; que el 40% de las bodas acaba en divorcio, y que, en las relaciones que duran, el 20% de las parejas vive al menos una historia extra-matrimonial.
Estos cambios se sienten sobre todo en el ámbito femenino, sea porque la mujer era la más castigada por las costumbres del tiempo, sea porque con la libertad sexual se está alejando de su tarea natural más que el hombre. Hoy no es raro el caso de chicas que ya tienen relaciones sexuales a los once años, que cambian de pareja a menudo y que antes de los 18 años viven *more uxorio* en casa con el lleno consentimiento de los padres.
Con esta costumbre no podemos sorprendernos si parte de los jóvenes pierden interés por la boda o se casan mucho más tarde que antes.
Veremos sucesivamente que este cambio en la gestión de la sexualidad, con libertad y facilidad de encuentros, reviste una

gran importancia en el desarrollo de nuestro método para la elección de la pareja.

Caso Nº3

Giovanna, 53 años, empleada del Correo, boda tranquila a la manera antigua, se dirigió al infrascrito por una opinión sobre un problema que había surgido en la familia: la hija Luisa, de 17 años, estaba embarazada.

El novio, informado del problema, había mostrado claras señales de incertidumbre sobre cómo enfrentar su responsabilidad y las inevitables consecuencias del "accidente". Los dos chicos habían convivido ya durante algo más de un año en casa de Giovanna que, por su parte, había aceptado la presencia del chico en casa, noche incluida, con la convicción de que se sentia más tranquila si los dos chicos vivían su intimidad en el interior de las paredes domésticas y no en la calle..

Lo ocurrido puso ahora a Giovanna en un problema de conciencia, ya que se sentía responsable, al menos en parte, de lo que estaba ocurriendo. Con mi personal alivio, nadie habló de aborto, pero Giovanna estaba preocupada, justamente, y no sólo por el peso que la nueva situación le descargaba encima: los dos chicos estaban todavía estudiando y, sobre todo, existía el riesgo de que, la hija, además de la precoz maternidad, se metiera en una futura boda destinada a fracasar, vista la incertidumbre y la inmadurez del novio.

Para hacer una previsión del futuro de la pareja en caso de boda, es decir, para una llena aplicación de nuestro método, faltaban las relaciones de cada uno antes de la presente, porque para ambos era la primera experiencia de amor; sin embargo, la valoración de la actitud del chico frente al embarazo de la novia daba indicaciones suficientes para llegar a una previsión fiable.

Como veremos en los próximos capítulos, la semejanza entre los dos juega un papel fundamental en la previsión de la futura calidad de vida de la pareja, y en nuestro caso faltaban factores a favor de una fuerte semejanza.
Además, el novio, conocida la noticia, se hizo ver en casa cada vez más raramente, y en los últimos dos meses había estado totalmente ausente.
La historia familiar del chico tampoco daba buenas indicaciones para el futuro. El chaval, ya de bajo rendimiento escolar, venía de una familia divorciada, por maltratos del padre contra la madre. Parecía posible que el chico se hubiera acercado a la familia de Giovanna para alejarse de la propia y de los sufrimientos que en ella vivía. Ciertamente, el vivir en una familia con maltratos del padre contra la madre, ponía al chico como persona de alto riesgo para una futura familia. Las estadísticas enseñan, en efecto, que los hijos de padres divorciados, sobre todo si son con maltratos, tienen un riesgo 10 veces superior de fracasar en la propia boda, una vez adultos.
A la luz de éste y otros elementos nos hemos permitido aconsejarle a Giovanna no insistir en una "boda reparadora" y dejarle a la hija la libertad y la posibilidad de elegir más tarde a un nuevo compañero, con otra madurez y equilibrio.
Giovanna siguió las recomendaciones y no se atrevió a pedir la boda de la hija. Perdí por un tiempo el contacto.
Unos 4 años más tarde, la chica me contactó de nuevo para un consejo, pues había conocido a un nuevo chico.
Esta vez los elementos para crearse una idea del futuro con esta nueva pareja, eran disponibles: mismo pasado sentimental,

misma cultura, misma raza y religión. Elementos muy importantes para el éxito de la futura relación, como veremos más adelante. Mi consejo fue seguir hacia delante y formar una familia tranquila y duradera, y así fue.

Secreto nº22: En la sociedad moderna, el sobrevivir es un objetivo obvio y tener prole no es prioritario para la gran mayorías de historias.
Secreto nº23: La gran mayoría de las relaciones no suponen formar una familia, sino vivir con la pareja una buena calidad de vida.
Secreto nº24: En la moderna libertad de administrar la sexualidad a nuestro agrado, la mujer, más que el hombre, parece alejarse de su papel natural.

3) La subdivisión de las Tareas

Elegir una pareja es sólo el primer paso para continuar la especie, otros han sido establecidos por parte de la madre naturaleza para asegurar el éxito de la continuación de la especie.

Sabemos que, según nuestro cerebro primitivo, no podemos elegir una pareja cualquiera, sino una que, además de asegurar la descendencia, pueda también mejorar genéticamente la especie. Los factores que han constituido un éxito en la elección de pareja en el curso de innumerables generaciones están fuertemente y profundamente clavados en nuestra memoria genética, y somos empujados a elegir una pareja de acuerdo con estos factores.

Tales factores son, en general, un buen estado de salud, una robusta constitución, una buena apariencia y en particular algunos elementos de tipo sexual tales como (en el caso de la mujer), labios carnosos, senos florecientes, cuerpo sinuoso o, (en el caso del hombre), ser alto, fuerte, sano, seguro de sí, etc.
Además de respetar estos factores generales a los cuales una posible pareja tiene que conformarse, cada uno de nosotros tiene dentro de sí una figura, un modelo de posible pareja, formado probablemente con sus experiencias infantiles y sus relaciones afectivas con sus padres.
De hecho, cuando reconocemos en una persona los factores del modelo de pareja ideal, copiosos flujos hormonales invaden nuestro cerebro, generando emociones y sensaciones positivas (gratificaciones) que nos empujan hacia esta persona: nos disponemos a entrar en el proceso del enamoramiento.
Recordamos que La Madre Naturaleza nos empuja siempre a elecciones en favor de sus objetivos de vivir y reproducirnos, con el método de las gratificaciones y de las penalizaciones: cualquier acción nuestra, a favor de tales objetivos primarios, está acompañada por una sensación de placer (gratificación), y lo que hacemos contra tales objetivos acompañado por una sensación desagradable o dolorosa (penalización).
Este método se revela extraordinariamente poderoso y eficaz en materia de elección de pareja, de enamoramiento, de emparejamiento sexual, y de protección de la prole y de la familia. Se trata de un método que funciona automáticamente y fuera de nuestra percepción consciente y que se ha confirmado con éxito en los millones de años de nuestra evolución.
Sin embargo, el proceso no se para aquí y se revela aún más complejo y sofisticado.
Por ejemplo, mientras los dos protagonistas son empujados hacia el otro/a con la finalidad de llegar al emparejamiento

sexual, el hombre se encuentra atraído a cuidar detalles diferentes a los de la mujer; hombres y mujeres se comportan de forma psicológicamente muy diferente.
Los dos tienen tareas diferentes.
Expliquémonos mejor:
Al hombre parece habérsele asignado la tarea de asegurar una alta cantidad de contactos sexuales, manteniéndose casi siempre disponible y acompañado por un deseo (libido) casi continuo. Para el hombre el ideal de pareja parece bastante ancho y poco selectivo, la atracción hacia una mujer parece estar atada sobre todo a factores estéticos como los del cuerpo femenino (caracteres sexuales secundarios), senos, labios, glúteos etc.... Según tales instintos, la elección de la pareja sería para el hombre una tarea bastante superficial y apresurada, con contactos rápidos y numerosos. ¿Es el hombre por naturaleza básicamente polígamo?
¡Parece que sí!
Desde el punto de vista de La Madre Naturaleza, un hombre, con sus millones de espermatozoides disponibles, podría parecer mal utilizado, por ejemplo, durante el periodo del embarazo de su mujer. La poligamia, tan contraria a nuestra cultura actual, tal vez ha sido un exitoso sistema de proliferación de la especie en millones de años de evolución.
No tiene que sorprender luego cierta brutalidad en estos procedimientos instintivos, pero La Madre Naturaleza es sutil; a ella le interesa la continuación de la especie y un hombre polígamo, y siempre dispuesto al contacto sexual con una mujer, es una buena inversión para el futuro.
Ejemplos de tales modalidades en el comportamiento del macho son innumerables en el mundo animal y nosotros hemos sido y somos todavía animales, sobre todo en la esfera de la sexualidad. No aceptar estos aspectos de la psicología

masculina profunda, significa esconder, no sólo una verdad genética, sino, además, perder la explicación de algunas brutalidades del hombre contra la mujer, como veremos más adelante.

A la mujer parece, en cambio, haberle sido confiada una tarea mucho más delicada y compleja: la de asegurarse, no sólo la calidad física de su futura pareja, sino también elegir a su juicio el momento, el modo, el lugar para el contacto sexual, y la fiabilidad de su pareja para el futuro embarazo y la supervivencia de la familia.
¿Quién no conoce el cuidado de la mujer por la tranquilidad del sitio y del momento, por la limpieza y la higiene?
En términos algo más científicos podemos decir que, antes y durante la cópula, la amígdala, el centro de las preocupaciones y los miedos en el cerebro de la mujer, tiene que ser apagada, es decir, desactivada; si tales circunstancias no se dan, la mujer, generalmente, no está disponible para un contacto sexual.
Podemos afirmar que el estrés es el enemigo número uno para la sexualidad de la mujer.
Eso debería dar una idea de lo contranatural que es para una mujer una relación sexual contra su voluntad, una experiencia, a menudo, devastadora para el cerebro femenino.
Para ejemplificar el concepto, es útil recordar el dicho popular (vox populi vox Dei, decían los latinos) según el cual el hombre, para una cópula, necesita sólo un colchón, la mujer al contrario, necesita una historia de amor!
En general, tenemos que decir que la elección de la pareja es de vital importancia para la mujer y por lo tanto tiene que ser ejecutada con la máxima atención. Para la continuación del género humano, la Naturaleza ha elegido la cualidad de la prole contra la cantidad, y, por esto, la hembra humana da a la luz

normalmente sólo un crío a la vez y este único hijo necesitará ser atendido durante muchos años antes de llegar a ser adulto.

Al contrario, en el hombre el deseo sexual se hace más intenso bajo estrés y una relación sexual aunque apresurada o improvisada, tiene para él un efecto relajante para el cuerpo y para la mente. Un ejemplo de la diferencia que el estrés juega en la psicología femenina y masculina nos lo dan los estupros en masa que los soldados ganadores han infligido en la historia de la humanidad, a las mujeres del país conquistado. La historia de Roma está llena de casos de estupros en masa. Estuprando, el soldado descarga el estrés de vivir bajo el riesgo continuo de morir en batalla. El estrés de la batalla apenas acabada se compensaba dando a las hordas vencedoras la libertad de violación; en tiempos recientes, saben algo las mujeres italianas cuando los mandos franceses después de la batalla de Cassino dieron libertad de estupro a las tropas marroquíes o a las mujeres alemanas al final de la batalla de Berlín, cuando las calles de la capital del tercer Reich quedaron a merced de las tropas rusas y mongoles.
Para la mujer, el ser obligada a un contacto sexual en esta condición significa un acto contra natura con daños irreparables para su salud física y, sobre todo, psicológica, y todavía al día de hoy pero el crimen de estupro no es punido bastante en muchos países, donde violar una mujer es casi reconocido como un “derecho” de un hombre.

Volviendo al presente, es muy común la solicitud de sexo por parte del marido que vuelve a casa después de un día de extenuante trabajo. Al contrario, una mujer que vuelve después de un día estresante ¡quiere sólo ir a dormir!

Estas diferencias, a menudo ignoradas, sobre todo por el hombre, revisten gran importancia en la conflictividad de la pareja, como veremos sucesivamente.
A causa de la necesidad de tranquilidad y relajamiento por parte de la mujer, se podría decir que, para ella, los así llamados "preliminares" de la relación sexual, se miden en horas o en días, durante los cuales tiene que sentirse tranquila y lejana del estrés. Nosotros, hombres, a menudo interpretamos mal esta necesidad de la mujer y descuidamos la importancia de los preliminares, limitándonos a apresuradas y torpes caricias antes de la cópula.
Tales diferencias explican porqué, con frecuencia, en el interior de la pareja se viene a crear una conflictividad por un exceso de "pretensiones" por la parte masculina con respecto a la disponibilidad de la parte femenina y como esto reviste un papel importante en la suerte de la relación. Según muchas opiniones, tales diferencias entre la libido masculina y femenina, es la base del eterno fenómeno de la prostitución, y no puede ser casual que en los países donde es admitida la poligamia como, por ejemplo, el mundo musulmán, la prostitución está muy poco presente.
Otro importante aspecto de la psicología femenina, muy desestimado o hasta ignorado por parte del hombre, es la manera que la mujer tiene de oponerse a una cópula no apropiada u oportuna para ella.
Frente a la insistencia por parte del hombre, la mujer desarrolla una resistencia cada vez más obstinada, una resistencia que se endurece a la vez que el hombre continúa insistiendo, hasta el limite extremo: una mujer puede llegar a matar o hacerse matar con tal de evitar una violación.
En una pareja con una vida normal, el hombre siempre debería poner la máxima atención en evitar insistir; aprender que, si una

mujer dice "no", significa que existe en su alma una razón para decir "no", y aceptar este "no" con cariño, esperando un momento más favorable. Para el hombre, éste es uno de los secretos para vivir en armonía con su mujer.

Al contrario, en muchas parejas, la mujer está obligada a ceder de mala gana a los deseos del hombre. En gran parte de las separaciones y divorcios de las relaciones de largo período, los motivos de la ruptura alrededor de los 40-50 años se esconden en la desequilibrada sexualidad de la pareja, cuando el hombre todavía tiene los ritmos casi juveniles de libido, y la mujer se acerca a un decaimiento de la sexualidad típica de la menopausia.

En relación a este aspecto, es interesante observar lo que ocurre en el mundo musulmán, sobre todo en aquel más tradicional; la mujer, cumplidos los 50-60 años, se pone voluntariamente a un lado, manteniendo su papel de primera mujer y madre de los hijos, y dejando que el marido se case con una más joven, que corresponda a sus exigencias sexuales.

Aparentemente, están todos contentos: la primera mujer, por el papel reconocido de "matriarca", el marido, porque se siente rejuvenecido por la presencia de la joven y la chica, por haber encontrado en el maduro marido una solución económica.

Apartando los aspectos ético/religioso de tal situación, (poligamia) obviamente imposible en el mundo cristiano, el hecho sirve para subrayar el problema de la diferencia de sexualidad entre hombre y mujer después de la menopausia, y solucionarlo de una forma aceptada por todos.

Volviendo a nuestros problemas de pareja, el hombre siempre debería tener presente que, al menos según La Madre

Naturaleza, es la mujer quien decide tener, o no, una relación sexual, con quién, dónde, cómo y cuándo.
Ésta es una realidad que muchos hombres ignoran y no tienen en cuenta como deberían.
En efecto, en la vida de cada día se ve que, por estas incomprensiones, se arruinan muchas y, quizás, la mayor parte de las relaciones. Muchas peleas y contrastes nacen emotivamente por el rechazo o la resistencia de parte de la mujer a una relación sexual en un momento en que ella no encuentra tal relación oportuna, agradable o necesaria. En el curso de los años, los malentendidos de este tipo tienden a degenerar, traduciéndose en un malestar entre los dos, hasta situaciones extremas. Muchísimos de los delitos en el interior de la pareja ocurren alrededor de la esfera sexual.

Caso Nº4: un ejemplo americano

Gene y Eddy eran una pareja conocida por el infrascrito en los Estados Unidos. Pensaban casarse en breve; la relación ya duraba casi dos años; misma raza, pero diferente religión; ella, judía; él, cristiano protestante. Gene se dirigió a nuestro método de previsión, preocupada por cómo repartir la responsabilidad económica entre los dos, en caso de boda. Ambos tenían un buen trabajo y antes de unirse en la presente relación vivían económicamente independientes.
Gene era de la opinión de que cada uno de los dos se proveyera económicamente a sí mismo y sólo se creara un fondo para los gastos comunes; mientras, él era partidario de una comunión total de los recursos, a pesar de que sus ingresos eran mas bajos que los de ella. Mi primera respuesta fue que los aspectos económicos de la unión no se consideran determinantes para la felicidad de la pareja, pero que en su relación había factores

que marcaban una fuerte diferencia entre los dos y ponían en duda su futuro.
Gene, 31 años, había tenido sólo otro noviazgo, de largo período, antes de unirse con Eddy; mientras, él, 30 años, después de un primer noviazgo serio había tenido numerosos flirteos de corto periodo. Además, Gene nos informó que el sexo entre ellos presentaba problemas, los encuentros eran raros y de poco contenido y Eddy lamentaba tener que esperar semanas antes de encontrar a Gene disponible. Todo esto causaba discusiones, con reproches recíprocos.

Hecho un análisis de la relación, según nuestro método, pareció claro que existían entre los dos serias diferencias, y tenían muy poco en común. La verdadera boda en el sentido afectivo del término ya había sido vivida en el primer periodo de la relación; ahora los dos se aguantaban recíprocamente, arrastrándose en la costumbre del día a día. La sexualidad del primer período se había agotado pronto y la pareja navegaba en un clima de monotonía, más que nada, por costumbre y por la falta de alternativas. Fuimos de la opinión que las diferencias en hecho de religión y sexualidad y la falta de intereses comunes habrían empeorado con el tiempo las disidencias y la calidad de vida de la pareja, una vez encaminada la convivencia matrimonial. En caso de boda, la suerte a medio término aparecía ser el divorcio, esto, más allá del aspecto económico.
La boda no se hizo y Gene y Eddy acabaron separándose dos años después sin conflicto. No sabemos si ocurrió gracias a nuestro análisis o por una autónoma toma de conciencia de los dos.

Caso nº5: Un caso muy fácil

Paolo vino a mí en febrero del 2002 aconsejado por un amigo común. Inició la historia de sus travesías con tonos dramáticos, ya que su unión con Franca (convivencia sin boda, con un hijo menor) se encontraba en las últimas. El amor, una vez floreciente, había acabado en frecuentes peleas y discusiones. Franca hacía tiempo que no estaba casi nunca disponible y, Paolo sospechó, sin tener pruebas, que ella tenía un amante. El se sentía particularmente frustrado, ya que, desde siempre, el sexo le funcionó como calmante: día de trabajo, vuelta a casa de noche, cenar, dormir al niño, intimidad con la TV encendida, algún film particular alquilado en el videoclub de abajo: ¡Para Paolo ésta había sido una forma agradable de vivir con su pareja! Ahora le faltaba.

Le preguntamos a Paolo si Franca había tenido últimamente algún problema de salud o si algo había cambiado últimamente en la unión familiar. Entonces, Paolo dijo, como si no tuviera importancia, que sí había ocurrido un "pequeño" cambio . "¿Qué cambio?" Simple: desde hacía tres meses, Franca había encontrado un trabajo como cajera en un cinema de la ciudad y todos los días de la semana, excepto el lunes, salía de casa a las 15 para volver a las 23.

Bastó poco para explicar a Paolo que lo que él consideró un pequeño cambio en la vida familiar había sido un cambio importante en la vida de Franca; una pesada carga de estrés; estaba obligada a trabajar muchas horas cada día en contacto con el público y volver a casa de noche, destruida; despertarse pronto por la mañana para arreglar al hijo y la casa antes de

irse de nuevo. Paolo ignoraba la importancia que el estrés tiene en la sexualidad femenina, pero, como persona inteligente, aprendió pronto y se puso a cubrir de atenciones a su compañera, encargándose, días alternos, de los gravámenes de casa, e intentando el sexo sólo el lunes, a lo mejor, (por qué no?) después de invitar a Franca a una pizza.
¡Un caso fácil, casi banal!
Pero así es...muchas veces la relación se deteriora por la ignorancia de nosotros, hombres, en psicología femenina.

....

Secreto nº25: Madre Naturaleza asigna al hombre la tarea de asegurar la mayor cantidad de contactos sexuales.
Secreto nº26: A la mujer, Madre Naturaleza asigna muchas más tareas que al hombre.
Secreto nº27: La mayor parte de los hombres ignora importantes aspectos de la psicología y de la sexualidad femenina.
Secreto nº28: Muchos de los contrastes en el interior de una pareja nacen a causa de las diferentes necesidades sexuales entre los dos. Tales contrastes son la razón de la mayor parte de separaciones y divorcios.

4) El inicio de la relación

Tenemos que considerar que el primer contacto sexual entre los dos constituye un verdadero punto de "no retorno" de la relación. La emociones generadas por el tsunami hormonal que la Madre Naturaleza usa para empujar a los dos a reproducirse son tan fuertes, que romper la unión en este punto, es muy difícil. Por esto, consideramos que la relación empieza en este momento.

Antes, en la fase del enamoramiento, cada uno ha reconocido en el otro los rasgos de su propio modelo de pareja y se ha dejado llevar por las emociones que el nuevo encuentro ha originado. Sin embargo, La Madre Naturaleza desenvainará todas sus armas mas tarde, en el momento del contacto sexual, para asegurarse que la hembra sea fecundada, a través de cópulas repetidas, cuantas más, mejor.

Religiones y sociedades han intentado en todas las diferentes culturas de la historia de la humanidad, controlar la atracción que la naturaleza crea entre dos enamorados; un ejemplo es la regla del, así dicho, "noviazgo", un periodo durante el cual los dos prometidos estaban bajo el control de los padres y tutores para evitar un contacto sexual.

Al tiempo de hoy, el noviazgo está desapareciendo y la chicas que llegan vírgenes al matrimonio son muy, muy pocas.

Entres los adultos también existen relaciones en las que la mujer tarda en aceptar, por varios motivos, una primera relación sexual; pero este tipo de relación, o de situación, va desapareciendo.

En todos los casos esta fase preliminar de la relación donde los dos se han encontrado, pero no han tenido todavía contactos sexuales, es muy importante porque en esta fase los dos tienen todavía la "fuerza" para no aceptar la relación y marcharse.

Es verdad que esta fase es cada día más corta. Los casos en donde los dos se van a la cama el mismo día en que se han conocido, son cada vez más frecuentes. Son estos los casos más arriesgados, porque no se piensa lo que está ocurriendo, arrastrados por el placer.

Hoy, esta fase preliminar de la relación es cada vez más breve, pero no por esto es menos importante para nosotros; éste es un momento decisivo para el futuro de cada uno de los dos, pues pueden decidir todavía si continúan, o no.
Obviamente, la madre Naturaleza votaría por el "sí" empujando a uno en brazos del otro.
Nosotros tenemos que valorar la oportunidad de la elección y pensar en lo que podría ser el futuro de la pareja; por lo tanto, tenemos que evitar seguir instintivamente el proceso del enamoramiento y en este momento valorar racionalmente la oportunidad de empezar esta historia, en vista de lo que podría ser el futuro con esta pareja.
Son excepción las llamadas relaciones (o encuentros) ocasionales, las “de una vez y se acabó”, que tiempo atrás eran prerrogativa sólo del hombre. Se trata de encuentros básicamente contrarios a la naturaleza femenina, sin implicaciones emotivas, y con el único objetivo del placer sexual, que se van difundiendo, particularmente entre las mujeres divorciadas.
Aparte de estas excepciones, cuando el enamoramiento va adelante y la pareja llega al primer contacto sexual, se establece como un implícito contrato entre los dos que lleva a cada uno a la recíproca fidelidad y a aceptar el ser considerado, en varias medidas, una "propiedad" exclusiva del otro. Se trata de una de las emociones más fuertes y agradables que la madre naturaleza ha creado, con la finalidad de llevar a la pareja a procrear.

En la mayoría de los casos, resulta muy difícil salir de una relación durante esta fase y si uno de los dos consigue llegar a la decisión de marcharse encontrará fuerte resistencia por parte del otro. Crónica, historia y literatura abundan de dramas ocurridos en la tentativa de separar a los amantes en esta fase.

La palabra "propiedad" hace saltar sobre la silla a las mujeres de hoy, pero, si es verdad que ser propiedad del otro es un concepto inadmisible en la sociedad actual, es también verdad que este instinto existe en nuestra memoria genética y que, en cuanto tal, no se puede borrar. Las religiones (cristiana y musulmana) tienen su responsabilidad. Han contribuido a imponer en el curso de siglos el concepto de que la mujer es propiedad exclusiva del hombre.
Se trata de un instinto clavado en el cerebro primitivo del hombre y en nombre del cual se matan en todo el mundo millares de mujeres cada año.
El asesinato de una mujer que amenaza con marcharse por parte de su pareja o ex pareja es crónica de cada semana, en España y de cada día, en el mundo, sin diferencia de cultura, raza o religión.

Caso nº6: ***Algunos ejemplos sacados de la crónica***
- Un chico de dieciocho años, mata, en España, a su novia de 15 años después de tenerla secuestrada 3 días. La chica, con la que apenas había iniciado una relación, había decidido dejarlo.
- Un hombre de 67 años mata en Italia a una mujer rumana de 27 años; apenas iniciada la relación, ella le comunica su intención de dejarlo.
- Un chico brasileño, 21 años, mata, en los EE.UU. a una chica americana de 18 años en un coche aparcado delante de un

supermercado. La chica, (se habían conocido en internet) después de algunos encuentros sexuales, había decidido dejarlo.

Son los típicos casos: la mujer cambia de idea y el hombre no se resigna a perderla. Típicamente el hombre, después de haber insistido más allá del límite razonable y haber conseguido cada vez rechazos más rígidos por parte de ella, le pide un último encuentro tramposo. La mujer acepta con la esperanza de explicarle y terminar definitivamente la historia, sin darse cuenta del grave peligro que corre.
Durante el encuentro, ella intenta explicar sus motivaciones, pero el hombre no quiere saber nada y se acerca con insistencia y violencia para tener sexo. La mujer, a la que el estrés de la situación le ha matado cualquier deseo, se niega y, sintiéndose en la condición de ser casi violada, entra en una crisis de pánico. En el hombre al revés, el miedo de la pérdida de la pareja reactiva en forma irresistible, la neuro-química de la pasión y busca con la relación sexual una confirmación de que la relación no está perdida.
Ahora el instinto del hombre primitivo, ante la posible pérdida de la hembra, arrolla cada racionalidad que invite a la prudencia y al respeto; le pone las manos al cuello unos pocos segundos, cerrando fuerte, y el drama ha concluido. Quizás también él se matará, quizás no. Si sobrevive al evento, se entregará espontáneamente a las autoridades y pasará el resto de su vida en prisión, pensando en lo que ha ocurrido, cómo y porqué, sin nunca encontrar respuesta.

.

A todo eso hay una excepción en las relaciones ocasionales, si está bien claro para ambos la temporalidad y la ocasionalidad

del contacto, a menos que, como ocurre en algunos casos, el hombre después de un contacto sexual de este tipo empiece a cortejar a la mujer, insistiendo en continuar la historia y entrando en la espiral ya vista de solicitudes y rechazos, hasta el más o menos dramático final.
En el caso frecuente de que sea el hombre quien rompa la relación después de la primera relación sexual, normalmente nada serio ocurre, ya que la mujer es más propensa a resignarse, sin insistir más.

Caso N°7: Por poco

Francesco, 37 años, biólogo separado hacía 3 años, se presentó aconsejado por amigos comunes.
Me preguntó qué hacer para convencer a una mujer y continuar una relación, apenas empezada; la mujer, después de un primer encuentro, le dijo rotundamente que cuanto había ocurrido entre ellos (una hora de sexo o poco más), no significaba nada para ella y la historia se acababa ahí.
Francesco me contó entonces los detalles de esta relación tan corta:
La había encontrado una mañana de verano en la playa de Ostia (Roma) extendida sobre la arena, sola, con las señales precoces de cuarenta años sobre la piel . Había sido fácil invitarla a un almuerzo en el chiringuito de la playa y al perfume de mejillones y gambas a la "romana."
Una hora después, ya estaban haciendo el amor en la cabina del viejo establecimiento balneario, que él alquilaba cada temporada. El encuentro había sido muy emocionante para Francesco, y una infusión vital para su autoestima como" conquistador"; aun así, al final tuvo dificultades para que ella le dejase su número de teléfono.

El día siguiente, Francesco, impaciente, la llamó para un nuevo encuentro, pero se quedó de piedra cuando ella le contestó un decidido "no gracias". Cuando Francesco le pidió una explicación, ella, con toda franqueza, le dijo que no quería los problemas que una relación conlleva. En la playa le había gustado, pero se acababa ahí; si él lo quería, podrían quedar como amigos, y nada más. ¿Porqué? Sencillo, añadió ella, porque era "call-girl", come se dice en ingles, de profesión, es decir, (en palabras más directas) prostituta y en este tipo de trabajo la presencia de un novio trae sólo problemas.
Nosotros explicamos a Francesco: él estaba viviendo el sufrimiento de abandono durante el periodo más emocionante de una relación; pero, este periodo habría terminado antes o después. Además, sin enterarse, estaba formando una pareja "limite", parejas que según las estadísticas acaban muy mal y algunas veces en forma dramática: un hombre que se enamora de una prostituta (declaro esto con todo el respeto para las prostitutas y para la profesión que ejercen) acaba casi siempre por estropearse la vida. Gracias a Dios, Francesco consiguió la fuerza para desistir.

Por "LÍMITE" entendemos una relación donde uno de los dos tiene una normal calidad de vida mientras el otro vive al límite, en el sentido de que se encuentra en contacto con droga, prostitución, problemas penales, alcoholismo o aspectos psiquiátricos de la personalidad.
En estas relaciones, casi siempre es la persona con una vida normal la que sucumbe, bajando al nivel de calidad de vida del otro; sucede mucho más raramente al revés, que la persona

marginal consigue la misma calidad de vida de su pareja "normal."
En general, se podría afirmar que la calidad de vida de una relación LÍMITE, es generalmente muy cercana a la más baja de las calidades de vida de los dos protagonistas.
Quizás sea inútil decir que frente a la perspectiva de formar una relación LÍMITE, no se necesitaría pensar mucho, ni hacer previsiones; un poco de buen sentido debería ser suficiente para entender que nos arriesgamos a arruinarnos la vida y hacer la única cosa sensata: ¡marcharse!
Sin embargo, muchos hombres y muchas mujeres con una vida normal (en igual medida según las estadísticas), entran en una relación LÍMITE, contra toda lógica, con consecuencias a menudo desastrosas para su calidad vida. Esto no sorprende, porque, como ya hemos dicho y entraremos en detalle más adelante, Madre Naturaleza, en la primera fase de una relación, la del erotismo, no tiene escrúpulo ninguno: quiere que los dos acaben juntos y, para conseguir esta finalidad, deshabilita nuestro cerebro racional y encarga la tarea a nuestro cerebro instintivo y primitivo.

Nuestro método interrumpe tal proceso y, al revés, pone la decisión sobre la base racional.

....

Secreto nº29: La relación se inicia con el primer contacto sexual. En este momento se establece un implícito contrato de derechos y deberes entre los dos.
Secreto nº30: Una mujer que rompe una relación apenas empezada está en peligro. La reacción del hombre puede ser violenta.
Secreto nº31: En general, una persona con una vida normal no debería aceptar formar una relación con una persona que tenga

una calidad de vida muy inferior a la suya. (Véase más adelante nuestra definición de Calidad de Vida)

………………………..

5) La violencia extrema: Cómo y Porqué

La violencia extrema en la pareja es, triste y casi exclusivamente, del hombre contra la mujer.

Los casos en que es la mujer quien mata al compañero, son muy raros y, en muchas ocasiones, se trata de delitos de "reacción" contra un hombre violento y violador.

Esto sólo en cuánto concierne a la violencia extrema, ya que la mujer, en una pareja conflictiva, hablando de violencia hacia el compañero, sobre todo psicológica, tiene un papel nada irrelevante.

Sin embargo, la materia se trata de forma incompleta y superficial, ya por parte de los profesionales del sector, ya por parte de la misma opinión pública. Tratar de entender o explicar cómo y porqué ocurre la violencia del hombre contra la mujer, es casi un tabú, algo de lo que no se debe y no se puede hablar. La mayoría de la mujeres, por ejemplo, piensan que “explicar” el fenómeno y particularmente el comportamiento del hombre, equivale a “justificarlo”, violando el principio común, según el cual, no se puede resolver un problema si, antes de todo, no se conoce.

Imperan en la prensa y en los programas televisivos opiniones a favor de juicios sumarios y penas más severas para los "machistas".

Se emiten leyes que tratan el homicidio de género de forma diferente para el hombre o la mujer. Si es el hombre quien mata, las penas máximas a infligir son más severas que en el caso de que la asesina sea la mujer. En este último caso no se habla de

una mujer asesina, sino de un delito causado por depresión o reacción a años de abuso o violencia.
Tenemos que preguntarnos si los ciudadanos son todos iguales frente a la ley, o no.
Cuando se citan las estadísticas en los medios de comunicación se habla, por ejemplo, de 60 mujeres asesinadas cada año en España por violencia machista, nunca hablan de los 12 hombres que se han suicidado después de hacerlo.
¡Si el infrascrito hablara de 72 víctimas de este fenómeno, y no solo de 60 mujeres, víctimas de la violencia, sería puesto en la hoguera!
Para nosotros, en cambio, son todas víctimas mortales.
Establecer quién es culpable es tarea de la justicia y nosotros no nos ocupamos de ello. Nuestra tarea y nuestra esperanza es prevenir la violencia y salvar vidas humanas.
Para poder reducir el número de víctimas, hace falta distinguir entre el castigo, que debe obviamente estar conforme a la ley, y las circunstancias desencadenantes, subrayando que, aclarar porqué el hombre mata, no significa absolutamente intentar justificarlo.

Negarse a valorar las causas y los factores que llevan al hombre a matar a su compañera, significa, por supuesto, fallar en lo que debería ser el objetivo primero de la lucha contra la violencia del género: salvar vidas humanas.
Por curiosidad reconduzco aquí en seguida el cartel de una Revista Feminista española que podemos tomar como indicativo al respeto.
El cartel recita así:

Usaremos los términos "violencia de género" ,"violencia sexista" y "violencia del macho contra la mujer" en este orden.

Rechazamos las expresiones "violencia doméstica", "violencia de pareja" y "violencia familiar."
Nunca buscaremos justificaciones o motivos (alcohol, droga, discusiones). La causa de la violencia de género es el control y el dominio que determinados hombres ejercen sobre su compañera. Evitaremos las opiniones de vecinos o familiares que no hayan sido testimonios directos de los hechos. En todo caso, nunca aceptaremos opiniones positivas respeto al agresor. Cuando un hombre mata a su compañero sentimental o una mujer mata a su compañera sentimental hablaremos de "violencia doméstica" o sólo de "homicidio" , y basta ya.
No especularemos sobre los supuestos motivos. Cercar motivaciones significa justificar el crimen. No indicaremos si el agresor actúa bajo el efecto del alcohol, droga, celos o a causa de una discusión, ya que está demostrado que estos no son los motivos por los que los hombres matan.

La opinión del mundo femenino está bastante posicionada e impide, de este modo, localizar el porqué de la violencia. Sin identificar el "porqué", seguiremos asistiendo a lo demostrado por las estadísticas, es decir, que, a pesar de merecedoras leyes de protección a la mujer víctima de la violencia, el número de las muertes sigue siendo, prácticamente, el mismo en todos los países. La posición punitiva no sirve para reducir el número de las víctimas sino sólo para castigar más pesadamente a los culpables. La misma pena de muerte, aplicada durante tanto tiempo en algunos países a los crímenes más feroces, ha demostrado ampliamente ser impotente para reducir el número de las víctimas.
Un primer paso para entender el fenómeno es dividir los homicidios se dividen en dos tipos:

- ***Homicidios racionales****: el asesino estudia racionalmente los métodos para eliminar a la víctima y evitar ser descubierto y encarcelado.*
- ***Homicidios irracionales****: el asesino actúa sobre la base instintiva y brutal, en un impulso incontrolable de violencia después de una larga incubación y sin intentar esconderse.*

¡Pues bien, el asesinato del hombre contra su mujer es el homicidio irracional por excelencia!

Se puede observar que:

-El delito no es casi nunca premeditado, y organizado, aunque se ha ido madurando a lo largo de años.
-El crimen es casi siempre precedido por una discusión con recíprocas acusaciones e insultos.
-El delito, a menudo, ocurre bajo los ojos de testigos, parientes e hijos, incluso.
-El culpable ,algunas veces, se suicida o intenta suicidarse.
-El culpable, si no se suicida, casi siempre se entrega o se deja capturar espontáneamente por parte de la policía.
-Eventuales personas presentes quedan heridas o asesinadas (incluidos los hijos).
-El asesino se encarniza sobre la víctima golpeándola repetidamente, a pesar de que los primeros golpes ya sean mortales.
-A la captura, el culpable pronuncia frases como "la he matada porque era mía", o bien, " o mía o de ningún otro."

Estos aspectos indican una casi total ausencia de racionalidad al cometer el delito. Siendo que el predominio de impulsos ubicados en la parte más primitiva del cerebro es más que

evidente, para entender el porqué el hombre mata a su compañera, tenemos que remontar atrás en el tiempo, a los principios de la evolución humana.
Repetimos más de una vez que, en millones de años de evolución, los comportamientos instintivos nos han permitido sobrevivir y eliminar amenazas.
Podemos entender que la familia, durante millones de años, ha sido la única forma de vivir protegidos de las amenazas del mundo externo hostil y que la mujer, fundamento de la familia, ha sido parte vital para la supervivencia, ya del hombre, ya de la prole.
En conclusión: para el hombre (o cerebro) **primitivo**, la pérdida de la mujer es una amenaza para la supervivencia. Así ha sido por millones de años y así está clavada en su cerebro primitivo.
Además, no olvidamos que una mujer que se marcha está rompiendo el empuje que La Madre Naturaleza crea en la pareja para la continuación de la especie.
Debemos, además, considerar que, durante millones de años, el hombre se ha defendido siempre con la fuerza de cuánto amenazaba a su supervivencia, matando impunemente cuando él, y sólo él, lo creía útil o necesario.
¡Horror! , gritará (y con razón) el lector; pero así ha sido durante millones de años; nosotros lo hemos hecho y nos ha servido para sobrevivir y continuar la especie; se ha imprimido en nuestra memoria genética y está hoy presente en nuestro cerebro, haciendo que cuando está en peligro nuestra existencia, y con ella la continuación de la especie, sea el instinto el que prevalece, y no la razón.
Frente a la perspectiva de perder a la compañera, el cerebro de edad de los monos que hemos heredado, actúa como en aquellos tiempos, cuando esto constituyó una directa amenaza para la supervivencia.

El dolor y el miedo instintivo que Madre Naturaleza ha insertado en nosotros frente a la pérdida de la compañera son enormes, a menudo insoportables por los más débiles.
Sociedades, Culturas y Religiones han hecho el resto del daño enseñando sobre la base racional que la mujer es propiedad del hombre y su mal comportamiento expone a la vergüenza y a la burla.
También duele ver mujeres que, en lugar de tratar de administrar con calma y racionalidad su decisión o su sacrosanto derecho a marcharse, afrontan al potencial agresor con peleas e insultos, a menudo directos a demoler la autoestima del hombre.
Quien lee las estadísticas sabe que la violencia descontrolada del hombre, algunas veces se desencadena cuando la mujer, en el curso de la pelea, pronuncia frases parecidas a estas: "*....como hombre no vales nada..*" o ..."*..me das asco...*" etc....frases todas directas a machacar la autoestima del hombre agresor.
Ahora tenemos que preguntarnos: ¿existen remedios?
En nuestra opinión, es una ilusión pensar que leyes más punitivas puedan cambiar la naturaleza del hombre y eliminar el problema. El hombre, en ciertas circunstancias, ha matado desde siempre a la compañera y tenemos que esperarnos que seguirá haciéndolo, al menos, hasta que la tecnología nos permita eliminar la agresividad y la violencia de nuestro cerebro primitivo.
De momento, en nuestra opinión, la solución está en la prevención, es decir, en no crear parejas conflictivas. Y esto es lo que nuestro método enseña a hacer.

....

Secreto n.º32: Las modalidades de ejecución de actos de extrema violencia demuestran que el crimen machista es alimentado por instintos primitivos y profundos en la mente del hombre.
Secreto nº33: La única solución para salvar vidas está en la prevención, es decir evitando formar parejas conflictivas. Nuestro método enseña cómo hacerlo.

RESUMEN CAPÍTULO II

Secreto nº19: Hoy la elección de la pareja todavía sigue los mismos instintos primordiales que ha seguido por millones de años para asegurar la continuación de la especie. Estos instintos son poderosos y muy eficaces.
Secreto nº20: La gran mayoría de los individuos en el momento de elegir a su pareja, no reflexiona sobre las consecuencias que tal elección puede traer a su vida futura.
Secreto nº21: Un primer paso para evitar sufrimientos y daños materiales consiste en cambiar las reglas de cómo elegir una pareja. No más instintos (o sólo instintos), más racionalidad.
Secreto nº22: En la sociedad moderna, el sobrevivir es un objetivo obvio y tener prole no es prioritario para la gran mayoría de historias.
Secreto nº23: La gran mayoría de las relaciones no suponen formar una familia, sino vivir con la pareja una buena calidad de vida.

Secreto nº24: En la moderna libertad de administrar la sexualidad a nuestro agrado, la mujer, más que el hombre, parece alejarse de su papel natural.
Secreto nº25: Madre Naturaleza asigna al hombre la tarea de asegurar la mayor cantidad de contactos sexuales.
Secreto nº26: A la mujer, Madre Naturaleza asigna muchas más tareas que al hombre.
Secreto nº27: La mayor parte de los hombres ignora importantes aspectos de la psicología y de la sexualidad femenina.
Secreto nº28: Muchos de los contrastes en el interior de una pareja nacen a causa de las diferentes necesidades sexuales entre los dos. Tales contrastes son la razón de la mayor parte de separaciones y divorcios.
Secreto nº29: La relación se inicia con el primer contacto sexual. En este momento se establece un implícito contrato de derechos y deberes entre los dos.
Secreto n.º30: Una mujer que rompe una relación apenas empezada está en peligro. La reacción del hombre puede ser violenta.
Secreto n.º31: En general, una persona con una vida normal no debería aceptar formar una relación con una persona que tenga una calidad de vida muy inferior a la suya. (véase la nuestra definición de Calidad de Vida)
Secreto n.º32: Las modalidades de ejecución de actos de extrema violencia demuestran que el crimen machista es alimentado por instintos primitivos y profundos en la mente del hombre.
Secreto nº33: La única solución para salvar vidas está en la prevención, es decir evitando formar parejas conflictivas. Nuestro método enseña cómo hacerlo.

CAPÍTULO III

(La relación)

1) El Diagrama del Amor

Normalmente, la elección de una pareja, el inicio de la historia y el desarrollo siguiente de la misma, ocasiona una mejoría, al menos temporal, en la calidad de vida de los dos.

¿Qué entendemos aquí por **calidad de vida**?

En términos completamente generales podemos entender por calidad de vida el estar bien consigo mismo y con los demás.

En el caso de una relación, tenemos que hablar de calidad de vida de la pareja en el mismo sentido, es decir, el estar más o menos bien física y psicológicamente, viviendo esta experiencia con el compañero/a. Por tanto, podemos decir que la llegada de una pareja a nuestra vida y la consiguiente historia de amor, tiene como efecto una mejoría de la calidad de nuestra existencia. Las emociones y los placeres de los cuales gozamos con una nueva pareja son muchísimos; los de la sexualidad, los más fuertes.

La Madre Naturaleza ha incluido en los contactos sexuales uno de los placeres más intensos que un humano pueda vivir; entonces, empezar una nueva historia de amor y vivir los contactos consecuentes, por supuesto implica una mejoría de la calidad de vida de los protagonistas. Esta mejoría puede durar mucho o poco tiempo, mas, por supuesto, existe, al menos, al inicio de la relación.

Todos saben, sin embargo, que la felicidad o aumento de la calidad de vida, como queramos llamarla, del inicio de la relación, no es permanente, ni constante. Muchos de nosotros hemos vivido esta variabilidad en lo de estar bien con nuestra pareja, y hemos notado que al principio estábamos más emocionados y felices.

A menudo, las personas se lamentan del hecho de que al principio su pareja era diferente, cariñosa; que la misma relación era más rica y emocionante; después de un tiempo, todo esto ha desaparecido.

Además, las mismas personas reprochan a su pareja haberse mostrado y comportado de forma diferente al principio de la relación.

En realidad, no debería ser una sorpresa para nadie, ni ser razón de reproches, el hecho de que la relación en el inicio era más emocionante y que la pareja se mostrara más cariñosa: veremos que estos son aspectos totalmente normales y que hacen parte del protocolo actuado por la naturaleza para conseguir la continuación de la especie, su objetivo más importante.

En la fase del enamoramiento, en efecto, somos llevados instintivamente a comportarnos de manera diferente con respecto de nuestro modo de hacer usual con la finalidad, aunque nunca obvia, de aparecer lo más atractivo posible a nuestra futura pareja. Este cambio de comportamiento es instintivo en cada uno de nosotros, y como tal, queda no percibido al nivel de nuestra consciencia.

En conclusión, podemos afirmar que el comportamiento de la pareja cambia y cambia en el tiempo la calidad de vida de la relación. Al mismo tiempo, vale también el inverso, es decir, que cambiando la calidad de vida de la relación cambia el comportamiento de los dos protagonistas.

Estos aspectos parecen obvios a los demás.

¿Por qué obvios?

Obvios, porque instintivos, es decir, producidos por nuestro cerebro primitivo, no por nuestro cerebro racional, mas, como todos los comportamientos de nuestro cerebro primitivo, resultan determinantes para conseguir el emparejamiento.

Para exponer mejor los cambios que tienen lugar durante la relación, nos ayudamos con un simple gráfico en el cual indicamos con Q la calidad de la vida de la pareja como la hemos ya definido.

Q0= Calidad de vida en el momento del primero encuentro
Q1= Calidad de vida al inicio de la relación
Q2= calidad de vida en la fase de la monotonía
Q3= Calidad de vida en la fase de la pasión

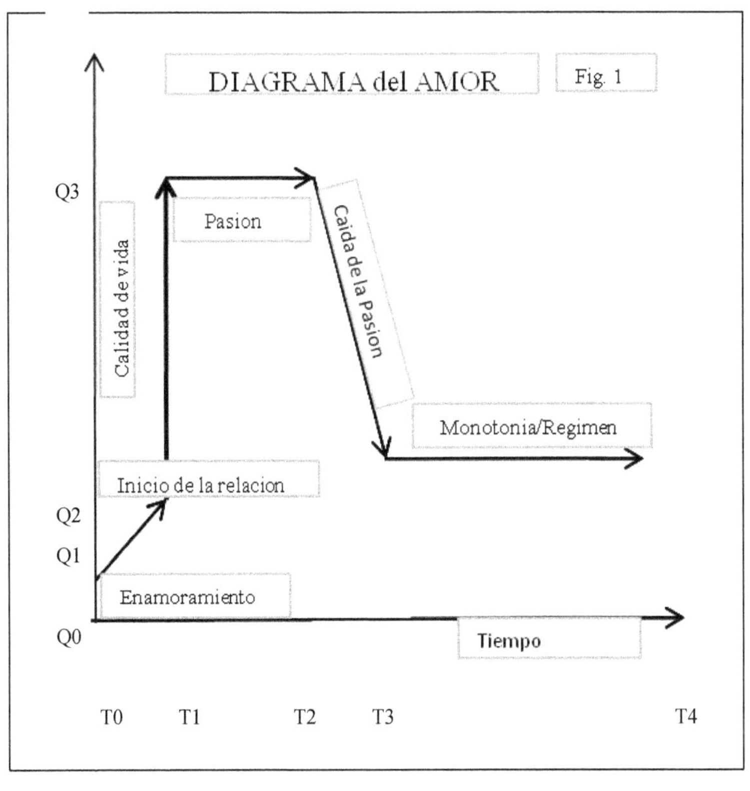

Ahora bien en Fig. 1) ponemos sobre un eje vertical la Q de cada uno de los dos, posiciones altas sobre tal eje indicarán obviamente calidad de vida más elevada.

Indicamos con Q_0 la calidad de vida que los dos tenían hasta el momento del nuevo encuentro, y sobre el eje horizontal ponemos, en cambio, el tiempo T en que la nueva historia de amor se desarrolla, indicando con T_0 el momento del primer encuentro.

De forma completamente general y ejemplificativa, podemos decir que la calidad de vida de los protagonistas de una historia de amor se desarrolla en el tiempo como indicado en el grafico.

Llamamos tal gráfico "**Diagrama del Amor**"

Una primera observación del diagrama es que la Q cambia con respecto de la que se tuvo al momento T_0 del encuentro, y que el mejoramiento de la calidad de vida no es ni permanente, ni constante. Los cambios más importantes son los que ocurren en correspondencia de las fechas que hemos indicado con T_1 T_2 T_3 Tales fechas son obviamente diferentes según las situaciones, como veremos más adelante.

El diagrama nos muestra que una relación siempre tiene un curso caracterizado por períodos o fases, con una Q diferente.

Tenemos que aclarar que el término "siempre" tiene que interpretarse en términos estadísticos, es decir, "...en la gran mayoría de los casos...".

No nos cansaremos nunca de subrayar que el comportamiento humano, y en particular el de las parejas, es extremadamente complejo, y se presenta en muchísimas formas diferentes, y que, por cada regla o estadística que proponemos, existen excepciones.

Hemos dicho que este diagrama tiene una validez general, es decir, que todas o casi todas las historias de amor recorren este recorrido en periodos o fases que tienen su propia calidad de vida. (Existen relaciones que no siguen el Diagrama del Amor, y en el final del libro indicaremos algunas de ellas).

Observamos luego que, si todas las historias recorren tales fases, esto implica que todas las relaciones tienen un principio y un fin.

Yo sé que esta última afirmación no gustará a muchos, sobre todo a las mujeres, que, por naturaleza, esperan vivir una historia de amor que dure toda una vida; sin embargo, esta expectativa parece cada día más difícil de alcanzar a causa de la superficialidad de los encuentros, de las separaciones y de los divorcios. Además, cada individuo en el curso de su vida tiene varias relaciones y solo una, la final, queda como definitiva, a su vez sometida a riesgo de separación. Hace poco tiempo que la mayor parte de las personas se unían a otro/a sólo para formar una familia y vivían juntos, más o menos felizmente, durante toda la vida. Hoy, hablar del fin de la relación tiene mucho más sentido que en el pasado, ya que cada uno tiene varias oportunidades de relaciones "temporales" sin expectativas de su futuro.

Son relaciones o encuentros superficiales, donde se elige una pareja sin pensar tanto, a lo mejor, sólo porque físicamente es atractivo/a, historias destinadas comúnmente a acabar mal, con consecuencias más o menos serias para los dos protagonistas.

Ahora, damos un nombre a las varias fases que componen el Diagrama del Amor:

Llamamos el

- período T_0- T_1 Fase del enamoramiento

- período T_1 - T_2 Fase de la pasión

- período T_2 - T_3 Fase de régimen, o de la monotonía,

- período T_4... Fase de la ruptura (fin de la relación)

Para las parejas que han tenido la habilidad o la suerte de elegir bien a su compañero/a, al Diagrama del Amor le falta la fase del fin de la relación. Son aquellas parejas, menos numerosas cada día, que permanecen unidas para siempre. No hemos añadido la palabra "feliz", porque entre ellas son muchísimas las que viven juntos toda la vida, pero no son felices y no se separan por no hacer daños a los hijos o, sencillamente, porque no tienen alternativas.

Secreto nº34: Todas las historias de amor tienen un curso parecido en el tiempo (fases) en relación a los cambios de la calidad de vida de la pareja

Secreto nº35: Durante estas fases la calidad de vida de la pareja cambia y tales cambios hay que considerarlos completamente naturales.

2) El enamoramiento

La fase del enamoramiento se inicia en el momento en que encontramos una posible pareja y acaba, en nuestro ejemplo gráfico, cuando los dos protagonistas culminan la primera relación sexual e inician la relación.

Esta fase está acompañada por un moderado aumento de calidad de vida de los protagonistas gracias a las muchas sensaciones agradables que acompañan al nuevo encuentro. Nos sentimos de repente excitados, eufóricos, en ansiosa espera de lo que podrá ocurrir. En realidad no ha ocurrido todavía nada particular, sólo hemos visto a una nueva persona que nos "gusta".

En general, cuando encontramos a una nueva persona, nuestro cerebro ejecuta una rápida, casi instantánea, valoración de la misma, clasificándola como agradable o desagradable, o bien, como interesante o insignificante.

Si identificamos a tal persona como correspondiente al modelo de pareja que tenemos clavado en el cerebro, se desencadena un alud hormonal que genera unas cuantas sensaciones agradables en nuestro cerebro. A menudo, sigue un aumento del ritmo cardíaco, repentinos rubores en la cara y un deseo de contacto con el recién llegado.

Se trata de una rapidísima valoración, ejecutada usando nuestros instintos profundos y la memoria de experiencias pasadas. Las razones por las que tal persona nos resulta agradable o desagradable son desconocidas para nuestra consciencia; pero existen, tanto es, que las distintas parejas que elegimos en el curso de nuestra vida, a menudo, se parecen entre sí.

Si la valoración ha tenido resultado positivo, nos sentiremos interesados en la nueva persona y con ella podremos desarrollar una relación de amistad o de trabajo. Sin embargo, si la persona resulta del sexo opuesto y tal valoración ha sido "particularmente" positiva, nuestra mente la verá como una posible pareja.

La Madre Naturaleza quiere que lleguemos a acostarnos con esta persona y pone en movimiento una potente estrategia directa para conseguir tal resultado. Como siempre ocurre cuando se trata de supervivencia o de continuación de la especie, nuestro cerebro primitivo (instinto) se encarga de la tarea y pone al lado, en un rincón, nuestra mente racional.

En este momento, el cerebro se pone en una actitud muy diferente de lo usual y básicamente positiva hacia la persona que hemos encontrado; todo lo que ella/el hace resulta para nosotros agradable, aceptable o justo. Es una actitud directa a reforzar la inicial sensación positiva que ya se había percibido hacia tal persona y, si nuestra racionalidad (o la de amigos o parientes) nos presenta un juicio negativo de ella, tal juicio es subestimado, o totalmente ignorado.

Nuestra capacidad de juicio racional está casi apagada, pero un poco todavía continúa activa porqué si él/ella hacen algo particularmente desagradable, el proceso (sería el caso de llamarlo "el encantamiento") se rompe y el cerebro racional vuelve a controlar el comportamiento del individuo. Es por esto que nuestro método recomienda tomar la decisión de elegir a la pareja en esta fase, cuando queda un poco de racionalidad todavía. Luego, después del primer contacto sexual, sería demasiado tarde, porque tal residuo de racionalidad va desapareciendo a la vez que nos acercamos al momento de la primera relación sexual y alcanza el nivel mínimo en el momento en que esto ocurre.

Luego, con un sustrato de sensaciones positivas y con las eventuales valoraciones racionales negativas borradas o subestimadas, el individuo es llevado instintivamente hacia la aceptación de la pareja. Una combinación de factores que arrastrará rápidamente a uno en los brazos del otro.

Esto que hemos visto, es decir el percibir como más positivas las personas que resultan atractivas, no ocurre solo en el proceso del enamoramiento sino también en cada día de la vida común.

Es por esto que las personas particularmente bonitas en el aspecto, sean hombres o mujeres, aunque, sobre todo las mujeres sexualmente atractivas, resultan, confirmado por muchos estudios estadísticos, favoritas en las amistades, en el estudio y en el trabajo, con respecto a las personas comunes y no particularmente atractivas.

De hecho, estas personas presentan una probabilidad de encontrar éxito en la vida muy superior a la de las personas no atractivas, porque la sexualidad juega siempre un papel determinante en nuestras elecciones del día a día.

Más adelante, vamos a ver que los esfuerzos de La Madre Naturaleza para llevar a los dos a la cama no se paran en esto que hemos ya visto. La naturaleza hace mucho más y llega a modificar temporalmente el comportamiento y la personalidad de cada uno con la finalidad de enamorar al otro/a.

Cambiamos nuestro modo de ser y de comunicar, con el objetivo evidente de suscitar en el otro el mismo interés que nosotros tenemos por él y, al final, conquistarlo. Sin enterarnos, cambiamos nuestro modo de expresarnos, modificamos el tono de la voz, sonreímos, nos vestimos mejor o usamos más perfume del usual.
Nuestro cerebro ha conducido siempre la elección de la pareja según estos mecanismos mentales, que han asegurado el éxito de nuestra evolución.

Sin embargo, la elección de la pareja, hecha sobre este instinto, no es suficiente para garantizar que, además de producir descendencia, los dos puedan vivir una buena calidad de vida. Por esto necesitamos la intervención de nuestra racionalidad cuando es disponible, es decir en el proceso del enamoramiento.

La aplicación de nuestro método permite cambiar las reglas para la elección de la pareja desplazándola de la esfera instintiva a la racional, confiando la tarea de la elección a nuestra inteligencia, sustrayéndola de los instintos y la memoria genética.

Obviamente, la elección de la pareja no es una tarea totalmente instintiva, algunos aspectos de la elección son racionales, (un ejemplo: la preferencia por una pareja que económicamente asegura poder sostener a la futura familia), pero gran parte queda como tarea instintiva. A La Madre Naturaleza le interesa sólo que la pareja produzca descendencia, y de "calidad de vida", no sabe nada de nada. Tanto es que, en escala evolutiva, los humanos han vivido siempre con calidad de vida muy baja, frente a frente con las dificultades y los peligros de un mundo básicamente hostil.

La tarea del presente manual es identificar los factores de riesgo para la futura calidad de vida de la futura pareja y ofrecer la posibilidad de decidir si entrar, o no, en la nueva relación.

Secreto nº36: Nuestro cerebro se pone en una persistente condición de aprobación hacia las personas que nos gustan. Tal condición es máxima cuando nos enamoramos.

Secreto nº37: Después del primer contacto sexual la relación ya está empezada y la historia recorrerá todo el ciclo del diagrama del Amor.

Secreto nº38: La condición de aprobación reduce nuestras valoraciones racionales. La pérdida de racionalidad alcanzará el máximo al momento en que se inicia la relación con la primera relación sexual y se entra en la fase de la "pasión".

Secreto nº39: Intentar impedir una relación entre dos personas que viven la fase de la pasión puede ser traumático.

.3) Fase de la Pasión (o del erotismo)

Aclaramos ante todo que en esta fase el término "pasión", no quiere necesariamente implicar el sentido que le es atribuido, a menudo, sobre todo por parte de las mujeres, como un estado emocional irresistible, caracterizado por emociones al límite de lo posible.

Con el término "pasión" sólo hacemos referencia al primer período de la relación, caracterizado de un fuerte deseo sexual y con el consiguiente dominio del instinto sobre la racionalidad. La atracción sexual será la máxima de toda la relación, y podrá alcanzar niveles empinados o desarrollarse de manera más blanda según las personas y otros varios factores y circunstancias.

Ahora vemos como procede esta fase de la relación:

Los encuentros sexuales son intensos y numerosos con la obvia finalidad natural de alcanzar la máxima probabilidad de fecundar a la hembra/mujer. Esta probabilidad normalmente es muy baja porque la hembra humana es fecundable sólo unos pocos días al mes y los dos no saben y no necesitan saber cuáles son estos días. Madre Naturaleza remedia esta falta con gran maestría: en la hembra/ mujer se desencadenan descargas hormonales que aumentan su deseo de contactos y que le crean rasgos más atractivos por todo el cuerpo: labios y senos firmes, ojos brillantes, olor de piel más insinuante, piel más brillante, etc.…No se necesita intervenir mucho sobre el hombre: él ya tiene un flujo hormonal y un deseo casi constante y por esto está casi siempre disponible para emparejarse.

Al final, los contactos numerosos, el flujo hormonal alterado, los millones de espermatozoides disponibles y el eventual orgasmo femenino (tan importante para la concepción), hacen así que un contacto sexual en los días de fertilidad se resuelva, con casi certeza, en un embarazo.

Con este sistema, Madre Naturaleza se ha asegurado la continuación de la especie durante millones de años, hasta el día que decidió hacer un don especial, muy especial, a esta especie tan amada: ¡darle la inteligencia!

Cuando llegó la inteligencia y con ella (en los últimos siglos) el conocimiento científico, las cosas cambiaron, porque el hombre empezó a hacer las veces de la misma naturaleza, controlando y planificando el embarazo y los nacimientos consecuentes. Desde entonces, la humanidad ha podido hacer sexo sólo para disfrutar el placer que da, sin el miedo o al fin de un eventual embarazo.

La mujer, sobre todo, ha obtenido ventaja de esta nueva situación: la eliminación del riesgo de un embarazo no deseado, le da ahora la posibilidad de contactos libres, sin compromisos. Esto fue por lo menos el pensamiento de la primera generación de las feministas. En el empuje de transformar su estilo de vida en el del hombre, las feministas imaginaron una total libertad en el sexo, como antes era prerrogativa del hombre (o, por lo menos, de algún hombre).

Luego se descubrió que la cosa no era tan sencilla, porque la mujer, contrariamente al hombre, no está hecha para contactos frecuentes y rápidos sin compromisos, ella necesita una historia de amor, así que la mayoría de las mujeres para elegir pareja y acostarse con la misma, continúa siguiendo el método que la naturaleza le impone: enamorarse.

Volviendo al Diagrama del Amor, añadimos que Madre Naturaleza no quiere que la fase de la pasión dure indefinidamente.

Si no se ha llegado a un embarazo después de meses (las estadísticas indican que el período de la pasión dura de los seis meses a un año, aunque también hay importantes excepciones).de “actividad”, esto significa con toda probabilidad que un embarazo, por una razón u otra, no es posible.

El objetivo de llevar a los dos a unirse ha sido alcanzado, el cerebro primitivo ha completado su tarea y puede pasar el control a la mente racional.

Si la mujer ha sido fecundada, Madre Naturaleza tiene lista una serie de otras agradables emociones para llevar a los dos a formar una familia, y sobre todo la mujer, para cuidar de la descendencia.

Si, por lo contrario, la fecundación no ha tenido lugar, Madre Naturaleza considera que el embarazo no es posible, por una razón u otra, y los dos deberían intentarlo con otro/a.

El hecho de que termine el periodo de la pasión (o del erotismo) no significa que termine el Amor, sino que la relación entra en una nueva fase, la que llamamos de la "monotonía" (o de régimen) que va a durar durante toda la relación, hasta la eventual ruptura. Podemos entender la importancia de esta nueva fase, pensando que mientras la fase del erotismo dura meses, la fase de la monotonía o del régimen dura años, o finalmente, la vida entera.

Secreto nº40: La fase de la pasión está dominada por el cerebro primitivo de ambos con un nivel de racionalidad muy reducido.

Secreto nº41: En esta fase no se piensa en lo que el futuro nos puede reservar.

Secreto nº42: La fase de la pasión es en la que Madre Naturaleza usa las más fuertes emociones para llevarnos al emparejamiento y a la procreación.

Secreto nº43: Al final de la fase de la pasión emerge, sobre todo por parte del hombre, una instintiva tendencia a salir de la relación.

Secreto nº44: En las parejas mal elegidas la salida de la fase de la pasión no es contemporánea entre los dos.

Secreto nº45: Si la mujer al final del periodo de la pasión (cerebro racional) quiere romper la relación, mientras el hombre se encuentra todavía en esta fase (cerebro primitivo), se puede crear una situación de peligro para la mujer.

4) Fase de Régimen o la Monotonía

Terminado el periodo del erotismo, la Naturaleza continúa operando para su objetivo primario: la continuación de la especie.

Se presentan dos casos:

- Si ha conseguido un embarazo, Ella quiere que los dos formen una familia que cuide de la descendencia. En la mujer se presenta un fortísimo instinto hacia esta tarea porque sin la mujer sería imposible criar a los hijos y todos los esfuerzos gastados hasta ahora habrían sido inútiles: ¡Madre naturaleza habría fracasado!

Esto nos da una primera idea de la fundamental importancia que la presencia de una mujer tiene para el

cerebro primitivo del hombre y, como tal cerebro primitivo, podría actuar frente a la amenaza de perderla.

Es un punto muy importante para explicar el comportamiento del hombre: vamos a analizarlo más en detalle en los próximos capítulos.

El hombre también tiene el instinto de cuidar de la familia, según la Naturaleza, mas de forma diferente. Cuidar de la familia para él no significa descuidar su capacidad de inseminar a otras hembras/mujeres.

- Si no se ha conseguido un embarazo, para la Naturaleza, los dos deberían intentar una relación con otro/a.

Esto significa que, terminada la fase de la pasión, los dos presentan una natural tendencia a romper la relación.

¡Y aquí empiezan los problemas!

Veremos en el próximo párrafo lo que ocurre si la relación se rompe.

Si los dos continúan la relación, otros problemas podrían surgir. Veamos cómo y cuándo.

Terminada la acción del cerebro primitivo, los dos vuelven a ser las personas que son de verdad, y a comportarse como tal, es decir, como una persona "diferente" de cómo se presentaban en el inicio. Además, ahora aquel estado particular del cerebro llevado a considerar de forma positiva a la pareja se ha terminado y es la racionalidad la que valora fríamente.

Madre Naturaleza nos empuja a dedicar todas nuestras energías y nuestro entusiasmo al período de la pasión con el objetivo de conseguir la concepción y asegurar la continuación de la especie, pero no quiere que este período dure largo tiempo. Otras importantes tareas esperan a la pareja, sobre todo para la mujer, que tiene que estar disponible para las fases siguientes del largo proceso que llevará al nacimiento y al cuidado de la prole.

Sin embargo, para el hombre moderno, que ha aprendido a usar racionalmente el placer del sexo, sería preferible que el período de la pasión durase siempre, cosa, obviamente, no posible. Se comprende, por lo tanto, como al final de este período en lo profundo del cerebro de los dos está presente una instintiva tendencia a abandonar la relación.

Mucho más alta es la probabilidad de que cada uno con una pareja diferente podría procrear; entonces, el proceso enamoramiento/pasión entre los dos se acaba. Madre Naturaleza deja a los dos continuar, si quieren, la relación, pero no más en base instintiva (es decir con el cerebro primitivo dominando) sino en base racional.

Volviendo al Diagrama del Amor, la calidad de vida de la pareja baja porque las emociones del período de la pasión se han reducido, y la racionalidad empieza a descubrir los defectos del otro y a valorar de modo crítico las perspectivas de futuro: para la pareja este es el "momento de la verdad”.

Si hemos elegido bien, los defectos emergentes serán pocos y de menor importancia, así que la relación irá adelante con una buena calidad de vida

En Fig.2 hemos indicado el Diagrama del Amor de una pareja de éxito que llamaremos ¨Feliz¨.

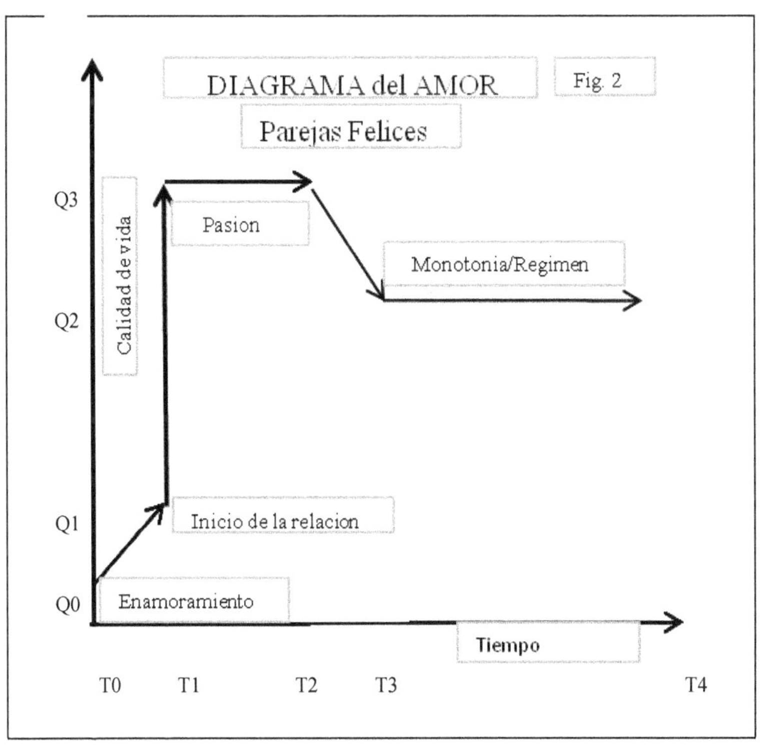

Usted puede ver cómo, después de la fase T2-T3, cuando las emociones de la pasión flaquean, la calidad de vida de la pareja baja, pero se mantiene buena al nivel Q2 bien superior a la calidad de vida Q0 que las dos partes de la pareja tuvieron antes de la relación. Una pareja como ésta continúa también durante mucho tiempo, sin que haya una ruptura. Éstas son las parejas donde, acabado el período de la pasión, se descubrirán o se confirmarán importantes intereses comunes (estudios, deporte, cultura, hobbies etc.…). Entre estas parejas da placer recordar aquéllas que después de años y años de vida juntos, todavía pasean en la calle cogiéndose de la mano y llenas de recíprocas atenciones.

En otras parejas, en cambio, acabado el período de la pasión, emergerán algunas diferencias no percibidas al principio. En tal caso, cada uno de los dos se encontrará viviendo con una persona un poco o muy diferente de aquella inicial y diferente de él mismo. Las pocas y pequeñas diferencias podrán ser superadas con razonables compromisos; al revés, las grandes diferencias tendrán un efecto desolador sobre la calidad de vida de los dos.

Llamaremos en cambio "Neutra" (Fig. 3) a la pareja donde los dos han aceptado la caída de la pasión con tranquilidad y equilibrio y donde, pese algunas diferencias, la calidad de vida no es particularmente excitante, pero siempre buena y superior a aquella inicial, y sin conflictividades

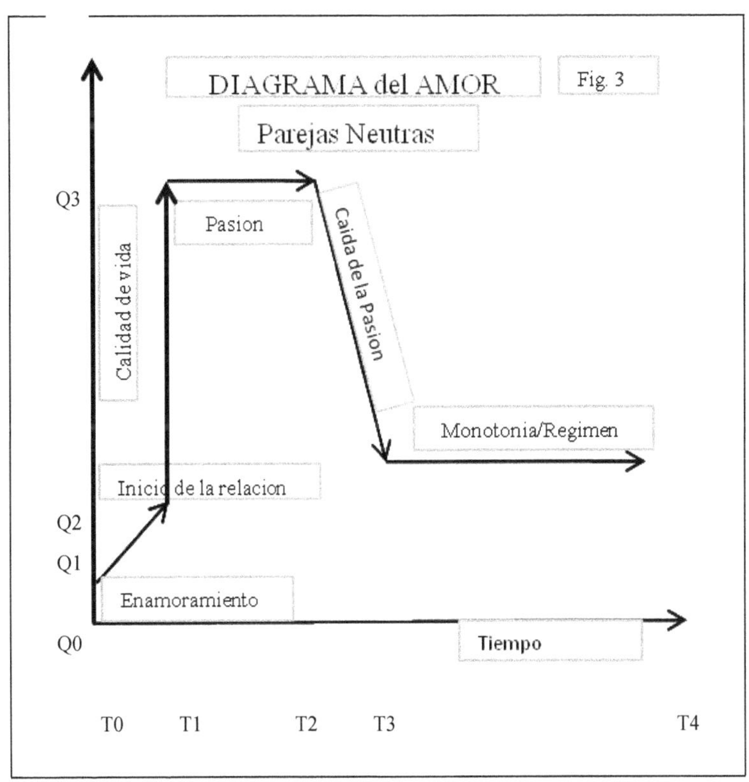

Para las parejas que hayan elegido mal, en el momento del fin de la fase de la pasión, habrá una pesada caída de la calidad de vida, por debajo de la que tuvieron al momento de iniciar la relación.

Emergerán tensiones y conflictos debidos a las muchas diferencias que hay en los dos.

Llamaremos “Infelices” (Fig. 4) las parejas que frente a tales diferencias, continúan juntos aceptando compromisos viviendo su dificultades como inevitables.

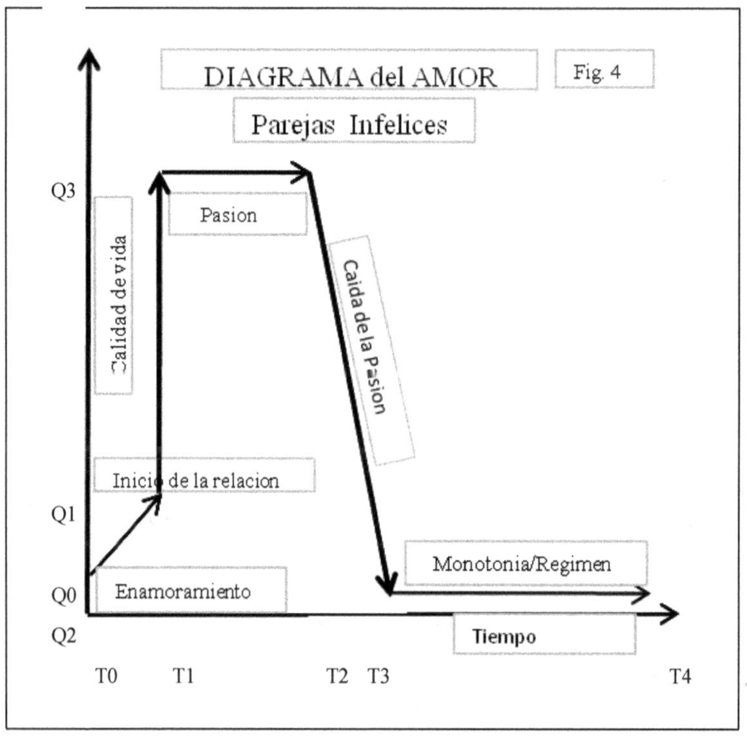

Llamaremos “Conflictivas” a las parejas en las cuales, la relación desemboca a menudo en peleas con violencia psicológica o física entre los dos (Fig.5).

Son estos los casos más peligrosos por las graves consecuencias para la calidad de la vida misma de ambos, con graves hechos de violencia (sobre todo por parte del hombre contra la mujer) que saltan a la atención popular.

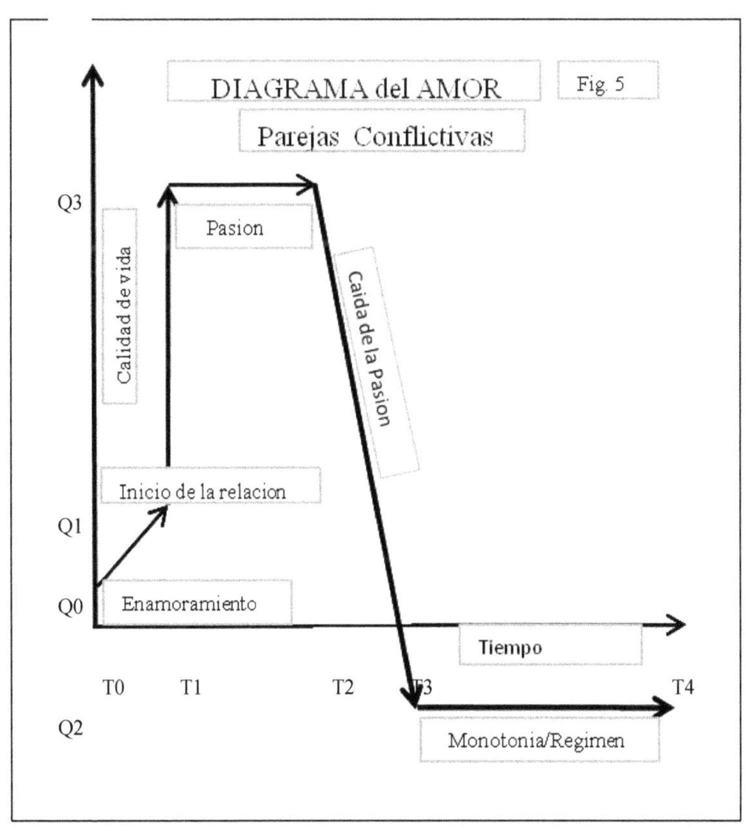

Se ve en la Fig. 5, cómo el Q, pasado el período de la pasión baja, y mucho, debajo de aquel Qo que se tuvo al momento de empezar la relación.

Entre los muchos casos de parejas conflictivas que emergen cada día en las crónicas, citamos el caso por así decir anómalo de las parejas ancianas, donde los dos han vivido juntos toda una vida.
Se lee, a menudo, el caso del marido de 60-70 años que mata a su esposa. En tales parejas el período de la monotonía ha sido largo y la diversidad entre los dos se ha pronunciado con el pasar del tiempo (pensemos en los profundos cambios físicos y psicológicos que le ocurren a la mujer a causa de la menopausia y al decaimiento psíquico de muchos ancianos). Para una pareja como ésta, ha sido impensable una ruptura por falta de alternativas. La capacidad de aguante recíproco se ha mantenido peligrosamente al límite máximo durante años, así que una bajada en la capacidad de soportarse, causada por el beber del hombre o una progresiva senectud en las capacidades de inhibición y control, hace estallar el drama.

....

Secreto nº46: La fase de régimen (o de la monotonía) es normalmente mucho más larga que la fase de la pasión.

Secreto nº47: Acabado el período de la pasión, la racionalidad emerge a los niveles normales y cada uno descubre los defectos del otro.

Secreto nº48: Pocas y pequeñas diferencias podrán ser superadas con razonables compromisos, pero, al revés, las grandes tendrán un efecto devastador sobre la calidad de vida de la relación.

5) Fase de la Ruptura

Hemos visto como al final del periodo de la pasión, Madre Naturaleza deja en los dos un instinto a romper la relación y relacionarse con otros.

Hemos visto también que pese a este instinto muchas parejas continúan viviendo juntos con calidad de vida buena o mala.

Mas al final, la gran mayoría de las relaciones se rompen. (Recordamos que, antes de llegar a la relación con la cual se formará una familia, de media, cada individuo vive cuatro).

Si la relación se rompe de común acuerdo, el daño es relativo y, a menudo, se gana en calidad de vida, terminando una historia de malestar reciproco. En el caso de matrimonios que se rompen (el 40%), es diferente: en todos los casos hay daños para los hijos y pérdidas económicas para ambos.

Si el deseo de salir de la relación es sólo de uno de los dos, empezarán los problemas serios. Si además es la mujer la que quiere marcharse, el problema podría ser muy, muy serio. Una prueba: los cementerios acogen cada año a varios millares de mujeres asesinadas para haber querido romper la relación.

En general, cuando uno de los dos rompe unilateralmente la relación contra la voluntad del otro, la pérdida de la pareja es vivida por este último con un gran sufrimiento.

Pero el luto es administrado de manera diferente por el hombre y la mujer.

En la mujer, la pérdida del compañero ocurre con gran sufrimiento interior, pero con resignación. Tiempo atrás, en una sociedad menos evolucionada, las mujeres abandonadas, a menudo, enloquecían y, algunas veces, se suicidaban. Literatura, cine, y teatro están llenos de historias de este tipo.

Un caso africano

A tal propósito me gusta recordar un caso personal vivido en África muchos años atrás. Y estoy agradecido a este libro por la oportunidad que me da de contarlo.

Durante un viaje de trabajo en el medio de la sabana nuestro grupo de coches todoterrenos, con chóferes locales, se paró para abastecerse en una calle polvorienta y bajo un sol feroz. En algunas cabañas a los lados había varios muchachitos descalzos y chicas vendiendo agua y zumo de pomelo.

Mientras los chóferes hacían su trabajo y mis compañeros calmaban su sed, yo noté apartada a una joven local de una belleza impresionante, con su vestido hecho de una única tela multicolor enrollada con arte alrededor del cuerpo.

Los ojos de la chica alta y esbelta, nariz afilada, eran dos carbonos ardientes y su piel oscura brillaba al sol con mil reflejos. Con estupor noté que la chica gesticulaba con movimientos aéreos de brazos y manos sin sentido. Observándola bien, me convencí enseguida que se trataba de una pobre demente. El contraste entre su aparente salud física, su belleza de una parte y sus condiciones mentales de la otra, me incitaron a pedir una explicación y pregunté a uno de los chóferes. Para mi sorpresa, él me contestó que la chica era bien famosa por su belleza y que había enloquecido por amor cuando su novio la había abandonada por otra.

Hoy estos casos son muy raros, pero esto no significa que la mujer sufra menos por amor; el dolor por la pérdida del propio hombre es todavía fuerte porque está relacionado con instintos primitivos y profundos.

En el hombre, el perder a su mujer constituye un hecho mucho más grave. Hemos visto que la mujer es considerada por Madre Naturaleza indispensable para continuar la especie; esto significa que, como en todos los peligros relacionados con la supervivencia, es el cerebro primitivo el que toma el mando y el control. En época moderna, esto no significa que todos los hombres que pierden a su pareja se ponen a hacer locuras, porque, gracias a Dios, la gran mayoría de los varones consiguen administrar con racionalidad el dolor de la pérdida. Esto quiere sólo decir que este instinto de actuar de forma irracional está, más o menos, presente en el hombre.

En una minoría de hombres, en caso de abandono o amenaza de abandono por parte de la mujer, el cerebro primitivo domina totalmente la racionalidad y las consecuencias pueden ser graves, o gravísimas, para ambos.

Son estos los casos de hombres que, a causa de:

- baja educación y cultura
- sociedades arcaicas
- creencias religiosas
- débil autoestima
- bajo control debido a abuso del alcohol o droga
- bajo control por trastornos psicológicos/psiquiátricos.

sienten, dramáticamente en línea con los instintos primitivos de la Naturaleza, que no pueden vivir sin "ella" y actúan en consecuencia.

Atención: ¡Aquí no estamos intentando absolver a los criminales que usan la violencia contra las mujeres! ¡No!

Estamos sólo diciendo que estos instintos existen y, que de una forma u otra, debemos tenerlos en consideración para explicar el fenómeno y conseguir nuestro objetivo de evitar sufrimientos y salvar vidas.

Muchas veces el abandono o la amenaza de abandono es interpretado por parte del hombre como una traición escondida

(¡ella se va porque tiene otro!), un ataque dolorosísimo a su autoestima.

Hemos visto que la Naturaleza considera la pérdida de la mujer como una amenaza a la supervivencia de los hijos, mas no es sólo esto; la pérdida de la compañera es para el hombre una amenaza contra la propia supervivencia.

Para explicar esto, tenemos que tomar, ante todo, conciencia de la realidad de los hechos, una realidad dura de aceptar, como estos:

- La violencia del hombre hacia la mujer ha siempre existido en todas las épocas y en todas las sociedades humanas, confirmando su naturaleza instintiva en el cerebro primitivo.

- El hombre que usa violencia contra su mujer la considera como "su pertenencia"

- El hombre que mata a su compañera, a menudo, se quita la vida.

- Casi todos los delitos con fondo sexual son prerrogativa del hombre.

Las modalidades en que ocurre la violencia indican que, para el hombre en estas condiciones mentales, cualquier cosa y su misma vida ha perdido valor; ningún interés por la propia familia, por los hijos, por la misma vida, por el propio trabajo, por cuanto tuvo hasta aquel momento construido.

Considerando que entre los humanos la depresión es típicamente la enfermedad que lleva a perder el interés por la vida y al suicidio, tiene sentido pensar que el estado mental del hombre que mata a su mujer tiene que ser algo aparecido a una grave forma de depresión.

Mas, en el caso de violencia de género, tiene que tratarse de algo más grave y desolador, visto que además de matarse a sí mismo, el machista también mata a otras personas, algunas veces a sus propios hijos.

No olvidemos luego una fundamental diferencia entre el cerebro masculino y el cerebro femenino en relación a la figura materna.

El cerebro del hombre (así como el de la mujer) tiene bien presente la fórmula

madre=vida

Pero la madre no es sólo "madre", también es el símbolo primero de la figura femenina que se materializará en otras mujeres en la vida de adultos para ambos. Mas para el hombre la madre es algo más: ¡Es ejemplo de pareja sexual de adulto! El binomio

madre de niño = compañera sexual de adulto

acompaña toda la vida a un hombre cuando no haya habido, después de la adolescencia, una completa maduración o una apropiada separación de la figura materna.

Esto explica también porqué para el hombre el binomio se extiende a

m**adre = vida=pareja sexual**

invirtiendo el orden de los factores muta en

pareja sexual=vida

así que ¡como sin madre no hay vida, así, sin pareja, para algunos hombres, no hay vida tampoco!

Un binomio que obviamente no existe para la mujer que en la vida adulta tendrá un compañero masculino.

Se comprende, por lo tanto, que una compañera que decide abandonar a su pareja puede ser instintivamente entendida como el abandono de la madre y como una verdadera amenaza para la supervivencia.

Esto también explica porqué casi todos los delitos con fondo sexual son triste exclusividad del hombre, sobre todo en los casos donde el adulto haya sufrido traumas infantiles relacionados con la figura materna.

Además, tenemos que considerar el concepto de “propiedad” de su mujer en el cerebro primitivo del hombre.

El poseer una mujer como "bien personal" que asegura la satisfacción de la sexualidad y el cuidado del hogar y la prole, ha existido ciertamente y ha sido aceptado como derecho del macho durante los millones de años de nuestra evolución, y como tal queda bien clavado en la memoria genética.

Obviamente, en el mundo occidental al tiempo de hoy tal concepto es absolutamente inadmisible.

La posesión de la mujer queda todavía impresa en nuestro cerebro primitivo y puede emerger peligrosamente como dominante frente el riesgo de perderla.

Hemos visto, entonces, cómo y porqué el abandono por parte de la mujer, aunque sólo sea en tentativa, lleva al cerebro primitivo de algunos hombres a la violencia extrema.

Observamos que estos casos de violencia extrema se desarrollan la mayoría de las veces, según dos modos diferentes.

En el primer caso, la pareja parece tranquila, como es declarado por parientes y amigos después del delito. En estas parejas el hombre desarrolla de manera progresiva y silenciosa la idea y la situación que le llevará al acto final; ninguna discusión o casi ninguna entre los dos, sólo aquella final en el momento del crimen.

Son estos los casos de delitos por una traición, por la sospecha de una traición o por su rechazo de reanudar la relación interrumpida por separación o divorcio.

En el segundo caso, la violencia extrema ocurre después de una larga convivencia, años de contrastes, peleas y discusiones continuas. Éstos son delitos que, generalmente, ocurren a una edad más avanzada de la pareja hasta cubrir el triste caso de delitos en parejas ancianas.

Recordamos después que, si tristemente es el hombre en quien prevalece la violencia física, la mujer domina en la conflictividad verbal. La mujer, con menor fuerza física, ha sabido desarrollar en el curso de la evolución una capacidad verbal mejor que la del hombre, y sabe golpear verbalmente de manera muy eficaz contra la autoestima del compañero, o usando la amenaza de abandonarlo o (¡peor!) de traicionarlo. Sin embargo muchas mujeres en el ímpetu de la pelea no consideran que algunos hombres tienen un límite en su capacidad de aguantar el estrés de la discusión y pueden pasar a la violencia física.

Aclaramos que no es intención de este manual juzgar culpas y responsabilidades, (ésta es tarea de las leyes y de la justicia), sino sólo enseñar a evitar situaciones conflictivas porque la conflictividad en el interior de una pareja no sólo genera violencia sino que baja en todos los casos la calidad de vida de los dos.

Antes de cerrar el presente párrafo dedicado a la rotura de la relación y la violencia por parte del hombre presentamos en seguida el cuento de uno de estos hombres, uno de los muchos que en los últimos años han matado a su compañera en España (muchos se han suicidado después del delito).

Aquí está su historia:

"Todo ocurrió en un momento. Yo había empezado hacía tiempo, con alguna bofetada, más fuerte cada vez, un día acabó con un ojo negro, otro con un poco de sangre de la nariz, nada más.

Había pedido perdón, prometido cambiar, no hacerlo más, pero luego sucedía de nuevo. Me dolía aquel modo altanero de contestarme, casi de rebelarse a mi necesidad de controlar su cuerpo, su vida y su misma alma.

Aquel día que me dice "...como hombre no vales nada...." Amenacé con matarla, mas no pasó nada. Un día le enseñé el cuchillo bajo su nariz.... "¿ves esto? ¡Un día u otro te lo clavo en el cuello ¡!! Cada día era más fría conmigo, a menudo me rechazaba, y una voz interior me repetía que tenía otro....

Luego un día, "aquel día", todo ocurrió de repente. El cuchillo lo mostré sólo para darle miedo", pero cuando empezó ella a gritar corriendo "...socorro...!!" a buscar la ayuda de los demás, algo ocurrió dentro de mí. Dentro de mi cerebro algo estalló incontrolable; la voz me dijo "...si no es tuya, no será de nadie..." Una niebla total sobre mi cerebro.

La primera puñalada se la di en la espalda, cuando corriendo la alcancé, las otras, con ella en tierra, diez, veinte veces, no lo sé, mi cerebro no supo contar. Me levanté ensuciado de sangre, las manos temblorosas sobre aquel cuerpo que fue la mujer que quise"..... un enorme alivio dentro de mi.....mas después...una pregunta... ¿... que había hecho?.....sentí imparable la necesidad de hacer justicia.....pero el asesino ero yo mismo....¿suicidarme?....no tuve el valor de hacerlo! mejor entregarme a la justicia humana.. y así hice...por esto todavía estoy vivo.

Cuánto confirma lo que hemos comentado en relación a cómo actúa el cerebro de algunos hombres. Este delito, antes llamado delito pasional o hasta delito de honor es un homicidio cometido en condición de profunda alteración mental, bajo el control del cerebro primitivo donde la racionalidad, es decir, la capacidad de valorar lo que se está cometiendo, está totalmente ausente.

Y esto nos lleva hasta la raíz del problema, y a una crucial reflexión:

El cerebro primitivo no sabe lo que es "justicia" y no se preocupa de las consecuencias y del sufrimiento suyo y de los demás. Entonces aumentar las penas no sirve para evitar que el delito se cumpla, sino sólo para hacer justicia, es decir, para castigar al culpable (si se encuentra todavía vivo) y darnos la sensación de alivio al ver que hemos hecho justicia. No tenemos que creer, como algunos, que aumentar las penas significa menos mujeres matadas cada año. ¡Absolutamente, no! Las estadísticas, confirman que, a pesar de muchas leyes, más o menos punitivas y de tantos recursos, el número de mujeres matadas cada año se mantiene constante.

La ley, en cuanto punitiva, es impotente para reducir el número de víctimas en crímenes efectuados en estas particulares condiciones mentales. Para disminuir las víctimas de este tipo de delitos hemos llegado a usar, en algunos países y en algunas épocas, hasta la pena de muerte, sin éxito.

Sólo de forma indicativa podemos decir que entre los tipos de parejas que hemos citado, existe esta distribución porcentual:

Parejas Felices: 10%

Parejas Neutras: 50%

Parejas Infelices: 30%

Parejas Conflictivas: 10%

Parejas LÍMITE: 1% de las parejas conflictivas

¿Entonces, qué hacer? La respuesta es una sola:

¡PREVENIR!

....

Secreto nº49: La ruptura unilateral de una relación generalmente comporta sufrimientos y problemas, mayores si la ruptura la quiere la mujer.

Secreto nº50: El sufrimiento por la pérdida de la compañera (o por el riesgo de perderla) puede llevar al hombre a graves reacciones.

Secreto nº51: Las leyes contra la violencia en la pareja sirven para hacer justicia de delitos ya acabados; no sirven para salvar vidas. Para salvar vidas hace falta educar y prevenir.

6) Cerebro Primitivo contra Cerebro Racional

Aquí hablamos solamente del cerebro del hombre. El cerebro de la mujer es cosa diferente (particularmente su cerebro primitivo) y no es importante para el asunto que vamos a discutir.

Hemos ya indicado que en cada persona existe un cerebro primitivo y un cerebro racional. Esta es una forma sencilla de esquematizar el funcionamiento de un aparato intelectivo tan complejo (el más complejo que Madre Naturaleza ha conseguido construir en millones de años de evolución), pero ayuda mucho a entender.

Hemos dicho también que el cerebro primitivo se ocupa de los asuntos fundamentales como la supervivencia y la reproducción, mientras el cerebro racional, al contrario, se ocupa de mejorar la calidad de nuestra vida.

La supervivencia y la continuación de la especie han sido, para Madre Naturaleza, objetivos de absoluta importancia desde el inicio de la vida; por esto están clavados desde el primer momento en nuestro cerebro (cerebro primitivo), mucho antes que la inteligencia o cerebro racional llegase a formarse.

Todas las veces que estamos en fase “reproductiva”, es decir, frente a una oportunidad de “procrear” el cerebro primitivo toma el control del comportamiento y domina sobre el cerebro racional. Otro momento en el cual el cerebro primitivo se impone, es cuando nos encontramos en peligro de vida y se trata de utilizar todos los recursos disponibles (violencia incluida) para sobrevivir; por esto el cerebro primitivo, normalmente, actúa con brutalidad y sin escrúpulos. Luego, después de haber conseguido sus finalidades (por ejemplo, inseminando a la hembra) le entrega el control al cerebro racional. El funcionamiento contrario, es decir, que el cerebro racional domine sobre el cerebro primitivo es mucho más difícil de conseguir. Lo saben bien las leyes y las religiones, que, desde hace miles de años, para reducir la violencia, y para controlar los impulsos sexuales se esfuerzan en llevar las personas a controlar racionalmente su cerebro primitivo.

Para aclarar, pongamos dos ejemplos de situaciones donde es el cerebro primitivo quien actúa y cómo, conseguido el objetivo primario, le entrega el control al cerebro racional: en el acto sexual y en una situación de supervivencia.

- **El acto sexual**:

En el momento del contacto con la mujer es el cerebro primitivo del hombre tiene su atención y emociones directa a conseguir inseminar a la hembra: el mundo exterior para el sencillamente no existe en este momento. Después en el momento de la eyaculación, algo particular ocurre:

En pocos segundos la visión del mundo por parte del hombre cambia totalmente. Ahora, recuerda que en la tele están

programando el partido de futbol, o que mañana tiene que ir a hacienda para ese problema de impuestos, etc....
¿Por qué este casi instantáneo cambio de ruta?

¡Porque el cerebro primitivo, conseguido su objetivo, se quita de en medio y entrega el control al cerebro racional!
Al cerebro primitivo no le importa nada de lo que ocurre "después"; su tarea se limita a conseguir la inseminación y sólo esto.

Las mujeres conocen muy bien el fenómeno, y se quejan mucho de la falta de cariños por parte del hombre después de la eyaculación. Ahora, ellas saben el porqué.

- **Supervivencia**

Veremos más adelante que la perdida de la mujer es interpretada por el cerebro primitivo como una amenaza para la supervivencia y que el hombre puede llegar a matarla si intenta marcharse de la relación. El cerebro primitivo no se preocupa de las consecuencias para ella, para sí mismo o para otras personas, (hijos incluidos) si se encuentran presentes en el momento del acto. Su objetivo es matar y ya está.

Una vez conseguido este objetivo el cerebro primitivo se pone de lado y entrega el control (y la nueva situación) al cerebro racional; pero el cerebro racional ve el asesinato de la mujer de forma opuesta. No sólo no es necesario, sino que es un acto absolutamente horrible y una culpa inaguantable. Es por esto que vemos que el machista asesino, muchas veces se suicida o, si no tiene el valor de suicidarse, se entrega espontáneamente a la justicia.

Pese a estas dos situaciones particulares, que están claramente bajo el control del cerebro primitivo, normalmente el cerebro primitivo y el cerebro racional trabajan al mismo tiempo. Un ejemplo:

El director del banco mientras con su cerebro racional está valorando las garantías que la cliente ha presentado para conseguir una financiación, con su cerebro primitivo está gozando de la vista de las sinuosas piernas de la señora sentada enfrente!

Pero algo más serio y peligroso ocurre cuando los dos protagonistas de una relación se encuentran actuando uno con su cerebro primitivo, y el otro con su cerebro racional. Los dos cerebros, como ya hemos visto, actúan con finalidades muy diferentes entre sí y esto lleva, a menudo, a fuertes confrontaciones entre las dos personas en el curso de la relación.

En los párrafos anteriores, hablando del Diagrama del Amor, hemos asumido tácitamente que el paso de la fase de la pasión a la fase de régimen, o de la monotonía, ocurre al mismo tiempo en los dos. No es así en la vida práctica, porque uno de los dos puede salir primero de la fase de la pasión; eso no constituye un problema en las parejas bien equilibradas porque el otro sigue y se conforma con el diferente nivel de la sexualidad de su pareja.

En las parejas menos equilibradas eso no ocurre. Hemos ya visto que la fase de la pasión está bajo el control del cerebro primitivo de cada uno, mientras la fase de régimen está bajo el control del cerebro racional. En las parejas no equilibradas se presenta por lo tanto, antes o después, una situación donde uno de los dos está todavía actuando bajo el impulso de los instintos, es decir, se encuentra todavía en la fase de la pasión, mientras el otro, está ya en la fase de régimen, y actúa con racional lucidez.

Análoga situación se presenta en los casos donde uno está en la fase del enamoramiento o de la pasión y el otro (normalmente la mujer) no está enamorado de él y como tal actúa bajo control de la racionalidad.

En ambos casos se trata de una verdadera mezcla explosiva, porque los dos no se comprenden , uno no corresponde a los deseos del otro. En esta condición los dos son dos personas muy diferentes entre sí, y nosotros veremos dentro de poco que, cuánto las personas son más diferentes, más alto es el riesgo de conflictividad. En el choque entre cerebro primitivo y cerebro racional está la raíz de las más funestas conflictividades de pareja. La mayor parte de los casos de violencia de género se encuentra en esta condición. Uno de los ejemplos más frecuentes: en una relación muy intensa en la fase de la pasión, la mujer sale de esta fase y racionalmente empieza a percibir lo negativo de la pareja o de la misma relación (cerebro racional), mientras el hombre todavía está de lleno en la fase del erotismo, bajo el control del cerebro primitivo. Claramente la mujer, en esta nueva condición, se presenta menos disponible a los contactos sexuales, más fría. El compañero no sabe explicarse lo que está ocurriendo y empieza a presionar asiduamente a la compañera para que vuelva al comportamiento de la fase de la pasión, cosa claramente no posible. Ella, sintiéndose bajo presión desarrolla una progresiva oposición a los contactos sexuales y a la misma relación. Si el hombre no logra salir de la fase de la pasión, adaptándose a la compañera, la relación se deteriora hasta el punto que la mujer decidirá irse. Seguirán discusiones y peleas que, un día u otro, desembocaran en violencia psicológica y física del hombre contra la mujer, como los dramas que tan a menudo estamos obligados a ver.

Esta confrontación entre cerebro primitivo del hombre y cerebro racional de la mujer se encuentra en muchos de los casos donde la mujer no acepta más la relación y quiere irse, separarse o divorciarse. En algunos hombres, el riesgo de perder a su compañera es interpretado instintivamente como una amenaza a su supervivencia. y, como ya hemos visto, es su cerebro primitivo el que toma el control. Cuando se trata de vida o de muerte este cerebro de pica-piedra no conoce escrúpulos ni piedad así que la confrontación que sigue entre el hombre primitivo y la mujer racional se vuelve muy peligrosa para la más débil de los dos. Gracias a Dios, en la mayoría de los hombres, tal situación es administrada, pese al sufrimiento, con equilibrio y racionalidad, sin consecuencias dramáticas.

....

Secreto nº52: En el choque entre cerebro primitivo y cerebro racional está la raíz de las más funestas conflictividades de pareja.

Secreto nº53: En algunos hombres, el riesgo de perder a su compañera es interpretado instintivamente como una amenaza a su supervivencia.

RESUMEN DEL CAPÍTULO III

Secreto nº34: Todas las historias de amor tienen un curso parecido en el tiempo (fases) en relación a los cambios de la calidad de vida de la pareja

Secreto nº35: Durante estas fases la calidad de vida de la pareja cambia y tales cambios hay que considerarlos completamente naturales.

Secreto nº36: Nuestro cerebro se pone en una persistente condición de aprobación hacia las personas que nos gustan. Tal condición es máxima cuando nos enamoramos.

Secreto nº37: Después del primer contacto sexual la relación ya está empezada y la historia recorrerá todo el ciclo del diagrama del Amor.

Secreto nº38: La condición de aprobación reduce nuestras valoraciones racionales. La pérdida de racionalidad alcanzará el máximo al momento en que se inicia la relación con la primera relación sexual y se entra en la fase de la "pasión".

Secreto nº39: Intentar impedir una relación entre dos personas que viven la fase de la pasión puede ser traumático.

Secreto nº40: La fase de la pasión es dominada por el cerebro primitivo de ambos con un nivel de racionalidad muy reducido.

Secreto nº41: En esta fase no se piensa en lo que el futuro nos puede reservar.

Secreto nº42: La fase de la pasión es en la que Madre Naturaleza usa las más fuertes emociones para llevarnos al emparejamiento y a la procreación.

Secreto nº43: Al final de la fase de la pasión emerge, sobre todo por parte del hombre, una instintiva tendencia a salir de la relación.

Secreto nº44: En las parejas mal elegidas la salida de la fase de la pasión no es contemporánea entre los dos.

Secreto nº45: Si la mujer al final del periodo de la pasión (cerebro racional) quiere romper la relación, mientras el hombre se encuentra todavía en esta fase (cerebro primitivo), se puede crear una situación de peligro para la mujer.

Secreto nº46: La fase de régimen (o de la monotonía) es normalmente mucho más larga que la fase de la pasión.

Secreto nº47: Acabado el período de la pasión, la racionalidad emerge a los niveles normales y cada uno descubre los defectos del otro.

Secreto nº48: Pocas y pequeñas diferencias podrán ser superadas con razonables compromisos, pero, al revés, las grandes tendrán un efecto devastador sobre la calidad de vida de la relación.

Secreto nº49: La ruptura unilateral de una relación generalmente comporta sufrimientos y problemas, mayores si la ruptura la quiere la mujer.

Secreto nº50: El sufrimiento por la pérdida de la compañera (o por el riesgo de perderla) puede llevar al hombre a graves reacciones.

Secreto nº51: Las leyes contra la violencia en la pareja sirven para hacer justicia de delitos ya acabados; no sirven para salvar vidas. Para salvar vidas hace falta educar y prevenir.

Secreto nº52: En el choque entre cerebro primitivo y cerebro racional está la raíz de las más funestas conflictividades de pareja.

Secreto nº53: En algunos hombres, el riesgo de perder a su compañera es interpretado instintivamente como una amenaza a su supervivencia.

CAPÍTULO IV

(Elección de pareja)

1. Una elección racional

La elección de pareja, desde el origen de nuestra especie, ha sido obviamente instintiva, como ya hemos expuesto en los capítulos anteriores, y basada, sustancialmente, en el hecho de que el futuro compañero fuera sano, fuerte y atractivo. El aspecto económico, como hoy lo entendemos, claramente no existía y la salud y la fuerza, así como la belleza física en la mujer, eran recursos necesarios y suficientes para garantizar la supervivencia y la descendencia.

Una elección basada en tales criterios, demostró ser una fórmula exitosa en el curso de millones de años de evolución, pero en la sociedad moderna, puede ser un fracaso para nuestra vida.

Por un tiempo inmemorable, la ruptura de la familia, con el abandono o la muerte de uno de los dos, constituía una seria amenaza para la supervivencia del otro y de los hijos. Además, en las sociedades de los últimos diez mil años, el divorcio no estaba permitido y el abandono de la familia, pesadamente condenado por la moral y la ley. Al tiempo de hoy, el divorcio está permitido y la ruptura de una familia no constituye ya una amenaza para la supervivencia. Ahora lo que mantiene una pareja unida es la **calidad de vida** de los dos, no el control dominante del macho y todo desde el principio de libertad y respeto recíproco. Si los dos se encuentran bien estando juntos, bien; en caso contrario, se separan. Si no se separan, irán pagando el precio de un deterioro de su calidad de vida.

El único problema que queda son los daños materiales y psicológicos consiguientes a la pérdida de calidad de vida o a la separación.

¿Cómo evitar estos daños? ¡Con la prevención!

Prevenir significa elegir una pareja que permita una buena calidad de vida para los dos.

Hemos visto cómo, en la fase del enamoramiento y de la pasión, nuestra mente se dispone a un tipo de funcionamiento muy diferente del usual. El cerebro primitivo se activa y empuja a los dos a unirse sin preocuparse de cuál podría ser la calidad de vida.

Para cuidar del futuro de los dos, es necesario activar nuestro cerebro racional y quitar el control de la elección de la pareja al cerebro primitivo.

Secreto nº54: La pareja de éxito es la basada en el principio de libertad y respeto recíproco.

Secreto nº55: La pareja del hombre dominante sobre la mujer está destinada al fracaso.

Secreto nº56: Normalmente una persona que está enamorándose no se encuentra en condiciones de valorar la oportunidad de la elección. Nuestro método se propone hacerlo por ella.

2. El método M

Hemos analizado un número estadísticamente significativo de parejas y hemos descubierto que la calidad de vida en la mayoría de los casos está relacionada con algunos aspectos personales de los dos.

Si identificamos en la futura pareja estos aspectos, estaremos en condición de hacer una previsión de su calidad de vida. Ciertamente, esta previsión tiene un significado sólo en base estadística, es decir, que un alto porcentaje de parejas con estas características tiene una determinada calidad de vida.

Siempre hay excepciones, porque el comportamiento humano es extremadamente complejo y sujeto a reglas sociales, morales y religiosas diferentes en cada cultura.

Entonces, hemos elaborado un método (Método M) basado en el principio según el cual, la elección de la pareja tiene que ser hecha sobre la base racional y, más concretamente, sobre la valoración de los aspectos relativos a los protagonistas que juegan una tarea fundamental en la calidad de vida. Estos aspectos son:

a) Comportamiento de cada uno en relaciones anteriores

b) Semejanza entre los dos

En épocas recientes, la promiscuidad de los dos sexos y la consiguiente facilidad de los encuentros han hecho que las personas encuentren numerosas oportunidades para vivir nuevas relaciones.

Existe un mercado de encuentros con el otro sexo muy abierto y libre, que antes era desconocido, sobre todo, para las mujeres.

Gracias a la caída de los viejos criterios morales en el mundo femenino y a la consiguiente conquista de libertad, la mujer ha salido del hogar, entrando en el mundo del trabajo y haciendo que los encuentros con el sexo opuesto sean simples y frecuentes.

Como caso extremo de esta nueva situación, recordamos los casos de mujeres que aceptan un encuentro sexual con un desconocido desde el primer momento y al día siguiente, lo olvidan. La relación, apenas empezada, se acabó. ¡Ya está! Encuentros de este tipo eran casi desconocidos y pesadamente condenados por la moral común y la religión. Tal vez es inútil decir que estos encuentros están llenos de riesgos, sobre todo para la mujer.

Si ha cambiado el modo de encontrarse, no ha cambiado la manera en que una relación se desarrolla en el tiempo: los viejos y naturales parámetros como el placer , los celos, el tratar de imponer al otro el propio estilo de vida, el dolor del abandono y los contrastes durante la fase de la monotonía y de la ruptura.

Sabemos, además, que después de unas cuantas relaciones, casi siempre nos quedamos con la "última", con la que vamos a formar una "familia" y vivir el resto de nuestra vida sentimental.

En el pasado llegábamos a esta última pareja mucho antes que ahora, porque en ese tiempo, casarse era la única forma de encontrar una pareja sexual. Do todos modos, pocas o muchas, las relaciones que vivimos siguen siempre el mismo ciclo: enamoramiento, pasión, régimen y ruptura, con todos los placeres y los dolores que esto comporta.

Veremos más adelante que el método "M", como lo hemos llamado, permite identificar las relaciones potencialmente peligrosas y evitar los daños que conllevan. Si luego el lector, a pesar de las indicaciones contrarias, decide iniciar su relación, nuestro método le habrá dado elementos de reflexión para una mejor gestión de las dificultades que puede encontrar.

Una actriz de Hollywood, famosa más por sus numerosas relaciones sentimentales que por sus dotes de actriz, repetía a los amigos: "Mientras espero al hombre justo de mi vida, me entretengo con aquellos equivocados." Evidentemente la diva, en su posición de mujer económicamente independiente, sin prole, con varios guardaespaldas en su puerta y en la cumbre de su exitosa carrera, no tenía razones para preocuparse de las consecuencias de una relación con una persona equivocada. Todas las veces que ella dijo "basta ya" la relación acababa allí.

Para las personas comunes, las cosas no son tan fáciles. Una relación que se rompe, implica casi siempre sufrimientos para alguno de los dos, o para ambos. Cuando no existe matrimonio, y sobre todo hijos, la ruptura puede ser incluso indolora. En el caso contrario, los daños materiales y los traumas a los hijos pueden ser tales que estropeen hoy la vida de ambos y de los hijos, en el futuro.

....

Secreto nº57: Para proteger nuestro futuro tenemos que elegir la pareja sobre una base racional.

Secreto nº58: Si el lector acepta una relación con una pareja de riesgo, debería utilizar las indicaciones de nuestro método para una mejor gestión de la relación cuando la misma se vuelva conflictiva y controlar la fase de la casi inevitable ruptura, evitando daños.

3 . Clasificación de las Parejas

La primera información necesaria para clasificar una nueva pareja es muy fácil de conseguir, y muy importante para entender la persona que tenemos enfrente.

De hecho, las historias que vivimos y el modo en que las vivimos, son un marcador de nuestro cerebro y de su manera de administrar una relación. Este marcador lo hemos llamado "Factor M" y consiste en conocer a grandes líneas la historia de los amores que la persona ha vivido en su pasado; aclarando: necesitamos conocer sólo si nuestro candidato ha tenido pocas o muchas relaciones y si éstas han sido de largo o de breve período.

Se presentan 4 posibles casos, nuestra futura pareja ha tenido:

- Muchas relaciones y de breve período

- Muchas relaciones y de largo período

- Pocas relaciones y de breve período

- Pocas relaciones y de largo período

Por la natural tendencia a repetir nuestro comportamiento en circunstancias similares, tal información nos dirá cuál podría ser el probable comportamiento de esta persona durante nuestra futura relación.

Confirmando lo anterior, recordamos que ha sido identificado recientemente un gen en nuestro ADN que predispone a traicionar a la pareja y que, como tal, presupone la transmisibilidad de tal comportamiento a las futuras generaciones.

Con esto no queremos decir que cada uno se comportará necesariamente como se comportó en sus relaciones precedentes, sino sólo que existe una alta probabilidad de que eso ocurra.

En una nueva relación, la pareja es diferente y también serán diferentes las circunstancias, por sus propias características personales, genéticas, psicológicas, culturales, de extracción social, y religiósa.

Tal vez en un futuro se descubrirá otro gen que predisponga a las personas a comportamientos repetitivos; si así fuera, no necesitaríamos aplicar el método M para conocer el futuro de nuestra relación. ¡Será suficiente modificar su estructura genéticas!

Hasta entonces, tendremos en cuenta esta tendencia y otras informaciones, para poder dar indicaciones sobre cuál podría ser el futuro de la relación.

Para conseguir la información, tenemos que hacerle al candidato dos simples preguntas:

¿Ha tenido muchas, o pocas relaciones?

¿Tales relaciones han sido de corto, o de largo período?

Se trata de dos respuestas fáciles de conseguir ya desde los primeros encuentros. Un sistema fácil sería hablar nosotros mismos de nuestro pasado amoroso y luego dejar que el otro nos cuente el suyo.

Conociendo las respuestas a las dos preguntas clasificaremos a la persona según uno de los 4 casos siguientes:

La posible pareja:

a) Ha tenido pocas relaciones y de breve período.

Al parecer esta persona entra difícilmente en una historia y sale fácilmente.

Identificaremos a esta persona con el símbolo **DF**, donde "D" (por "Difícil") indica que la persona encuentra Dificultad para entrar en una nueva relación, y donde "F" indica que la persona sale con Facilidad de la relación.

b) Ha tenido pocas relaciones y de largo período.

Al parecer, esta persona encuentra Dificultades para entrar en una nueva relación; pero, una vez dentro, tiende a quedarse en la misma. Diremos que una persona así, entra Difícilmente en una relación, pero también Difícilmente sale de la misma.

Indicaremos esta persona con el símbolo **DD**.

c) Ha tenido muchas relaciones de breve período.

Diremos que esta persona entra Fácilmente en una historia y sale Fácilmente.

Indicaremos a esta persona con el símbolo **FF**.

d) Ha tenido muchas relaciones de largo período.

Diremos que esta persona entra Fácilmente en una relación pero sale Difícilmente.

Indicaremos a esta persona con el símbolo **FD**

Entonces, en el momento de un nuevo encuentro, podríamos enfrentarnos con uno de los cuatro tipos de personas:

DF DD FF FD

con el significado que ya hemos indicado.

A continuación, llamaremos a cada uno de los símbolos como el "**Factor M**" de la persona y más adelante veremos como darle un valor numérico.

En el curso de esta exposición llamaremos también a cada persona como "tipo FF", "FD", etc.

Ejecutado este primer paso, el lector, para poder aplicar nuestro método, tendrá que localizar también el Factor M de sí mismo.

¿Ha tenido el lector pocas, o muchas relaciones?

¿Han sido tales relaciones de breve, o de largo período?

Con sus respuestas, el lector conocerá su propio Factor M.

Tenemos también saber que el factor M puede cambiar en el curso de nuestra vida.

Eso ocurre cuando la persona cambia de estilo de vida, o porque ha encontrado a un compañero apto para él, o porque han cambiado las circunstancias. Un individuo que no ha mantenido relaciones de largo período, por ejemplo, en algún momento de su existencia se transforma en una persona sedentaria, sentimentalmente hablando, y se acomoda en una relación que dura luego toda la vida sentimental.

Todo eso para decir que la clasificación según el factor M está referida al pasado del individuo; tanto es, que casi todos los individuos, al final, se transforman en una persona de tipo ….D, quedándose con la última relación.

Un ejemplo: una mujer de tipo FF, que, por lo tanto, ha tenido numerosas relaciones de breve período, una vez casada, se transforma en una tranquila esposa, dedicada a los hijos y al marido, porque ha encontrado una persona adecuada para ella o porque son diferentes sus circunstancias.

El factor M en otras palabras, no es necesariamente un parámetro constante en la vida del individuo, sino, sencillamente, un indicador de comportamiento probable en futuras relaciones.

A pesar de esta eventualidad, la vivencia de los protagonistas de historias de amor es un dato muy importante respecto a los posibles desarrollos de cada nueva relación, ya que contiene indicaciones sobre la tendencia natural del individuo.

……………………………..

Secreto nº59: Para clasificar una posible pareja hace falta saber cuántas relaciones ha tenido y si han sido de breve o de largo período.

Secreto nº60: Existe una alta probabilidad de que una persona elija su pareja de manera repetitiva, es decir, siguiendo siempre el mismo método de elección.

4. Cálculo del factor M

El factor M, como ha sido definido, se compone de dos letras D y F para cada uno de los dos protagonistas después de contestar a las dos preguntas:

¿Ha tenido muchas, o pocas relaciones?

¿Sus relaciones han sido de corto, o de largo período?

Sin embargo, las definiciones de "Muchas", "Pocas", "Largas" o "Cortas " son vagas y, en todo caso, según criterio de cada uno.

Diez relaciones para algunos pueden ser consideradas muchas, para otros, pocas; y, por ejemplo, una relación de 1 año puede ser corta para algunos, y larga para otros.

Es, por lo tanto, necesario usar definiciones numéricas, aunque, si consideramos la multiplicidad de los casos que pueden encontrarse, sabemos que es peligroso establecer reglas fijas y hablar de cifras.

Con tal premisa, procedemos en todo caso a describir un procedimiento que permite establecer numéricamente el factor M.

Tenemos que considerar ante todo que la cantidad de las relaciones tiene que ser valorada en relación a la edad de la persona. Por ejemplo: Un individuo de 20 años que haya tenido 3 relaciones no puede tener el mismo factor M que un individuo de 50 años con las mismas 3 relaciones.

Además, tenemos que referirnos a los años de vida adulta (Va), y no a la edad de la persona, es decir, a partir de la edad de 16-18 años, cuando el individuo comienza a estar disponible como pareja.

Un treintañero tendrá, para la presente disertación, 10-12 años de vida adulta; una persona de 40 años de edad habrá tenido una vida adulta de 22 años.

Obviamente, en los tiempos actuales muchos individuos inician la vida adulta antes de los 18 años. Dejamos por lo tanto al lector, caso por caso, definir su vida de adulto y la de su posible pareja.

El símbolo Dr indica la duración media de las relaciones. Si un individuo ha tenido tres relaciones, una de 1 año, una de 2 y una tercera de 0.5 años, la duración media de sus relaciones será

Dr = (3+2+0)5): 3 es decir, un

Dr = 1,8 años

Como regla general para que el factor M tenga un sentido, el individuo tendrá que tener al menos 3 años de vida de adulto.

He aquí como calcular el factor M

a) Primera letra del factor M:

Cantidad de las relaciones: es decir, Facilidad/Dificultad para entrar en una relación.

Vale la regla siguiente:

A la primera letra del factor M daremos el D si Dr/Va es decir, la relación entre la duración media de sus relaciones y su vida adulta es mayor de 0,7.

Si en cambio, Dr/Va es menor de 0,7 a la primera letra del factor M pondremos el término F.

b) Segunda letra del factor M:

Duración media de las relaciones: es decir, Facilidad/Dificultad para salir de las relaciones.

Vale la regla siguiente:

A la segunda letra del factor M daremos el D si la duración media de las relaciones es superior a 2 años. Daremos la letra F si es igual o menor.

Pongamos ahora un ejemplo de cálculo del factor M:

Un individuo con 10 años de vida de adulto ha vivido 5 relaciones con duraciones respectivamente iguales a

1,5 años 1,8 años 1,5 años 2,3 años 1,8 años

Su factor M será:

a) La primera letra del factor M será F ya que

Qr/Va =0.5 es decir menor de0.7

2) La segunda letra del factor M será F ya que

Dr = (1,5+1,8+1,5+2,3+1)8, / 6 = 1,78 años

Entonces, tal individuo tendrá un factor M igual a FF.

Tenemos que decir que normalmente no es necesario ejecutar el cálculo numérico para identificar el Factor M, sobre todo en caso de que se haya aprendido bien el contenido del manual.

El cálculo numérico es útil en los casos dudosos o controvertidos.

Recordamos cómo usar el método de cálculo:

Paso1: Establecer la vida de adulto Va.

Paso2: Tomar nota del número y de la duración de las relaciones.

Paso3: Ejecutar la media de la duración de las relaciones Dr.

Paso4: Dividir el valor de Dr por el valor Va

Luego,

- si Dr/Va es mayor de 0,7 la 1ª letra del Factor M será D

- si Dr/Va es menor de 0,7 la 1ª letra del Factor M será F

Y, por fin:

- Si Dr es mayor de 2, la segunda letra del Factor M, será D

- Si Dr es menor de 2, la segunda letra del Factor M, será F

Tenemos también que aclarar que el criterio expuesto irá bien sólo en la mayoría de los casos prácticos, ya que se pueden encontrar numerosas excepciones.

....

Secreto nº61: El cálculo numérico del factor M sólo es necesario para los casos dudosos.

Secreto nº62: Para el cálculo del factor M consideramos que la vida adulta se inicia a los 16-18 años.

5. La nueva pareja, ¿Quién es éste?

Hemos clasificado la futura pareja en 4 tipos diferentes según el Factor M de cada uno.

Ahora tenemos que preguntarnos: **¿Quién es éste?**

Antes de contestar a tal pregunta, debemos, una vez más, remarcar que nuestras consideraciones son completamente generales, ya que, en la práctica, existen numerosas excepciones, debidas a circunstancias y a personalidades totalmente imprevisibles.

Sin embargo, en la mayoría de los casos todas las consideraciones siguientes son válidas y útiles para ayudar a entender a la persona que hemos encontrado.

Tenemos entonces que contestar a la pregunta "¿Quién es éste?", aunque, después de las últimas consideraciones, deberíamos ser más precisos y preguntarnos: ¿Quién, probablemente, es éste?

Exponemos aquí algunas simples observaciones sobre la persona que encontramos, basándonos en su Factor M.

También invitamos al lector a valorar sus propias consideraciones sobre la nueva posible pareja.

a) Persona del tipo FF

La facilidad de estas personas para entrar en una historia de amor, podría indicar que se trata de individuos muy atractivos en el aspecto, con buenas dotes de comunicación o con óptima posición social, profesional y económica, una persona, es decir, de éxito. En el caso de una mujer, la facilidad de abrir una nueva relación podría indicar también un carácter ligero y poco reflexivo, o bien, la repetida búsqueda de una pareja idealizada.

La facilidad de salir de la relación puede ser, en cambio, o un indicador de desilusión por no encontrar una pareja idealizada y marcada con excesivas expectativas, o la búsqueda de la fase de la pasión, sabiendo que hay disponibles, fácilmente, otras parejas.

El caso de pareja idealizada, es, por ejemplo, el de personas que persiguen inconscientemente la figura de un padre/madre que les ha faltado en la infancia. Un padre ausente, a menudo, es idealizado por parte de la niña, así como una madre perdida en la infancia afecta a la vida de adulto del hombre.

Los dos en la edad adulta buscan inconscientemente en el otro el trato del padre perdido, encontrando, claramente, continuas desilusiones.

Obviamente, las personas del tipo-FF no dan mucha confianza para la búsqueda de una relación de largo período.

Quien acepta una pareja de este tipo debe tener bien presente que probablemente vivirá una historia, tal vez intensa, pero de breve duración. Si, en cambio, quiere una historia estable y de largo período, deberá buscar una pareja con diferente factor M (véase más adelante).

b) Persona del tipo FD:

Clasificamos como tipo-FD a la persona que ha tenido varias relaciones de largo período, con breves intervalos de tiempo entre una relación y la siguiente.

Por la facilidad de estas personas a entrar en una nueva relación, se aplican las observaciones del párrafo anterior.

Su tendencia a permanecer en una relación podría indicar, en cambio, buena capacidad para conformarse con su pareja y un carácter estable y equilibrado.

En las pequeñas peleas entre prometidos o amantes, cuando los dos se separan por algún tiempo y luego se unen de nuevo, el que tenga una pareja de tipo FD, debería tener presente que la pareja FD tiene capacidad de encontrar fácilmente un nuevo compañero/ra.

c) Persona del tipo DF:

Clasificamos como tipo-DF a la persona que ha tenido pocas relaciones y de breve período, y, por lo tanto, con largos intervalos de tiempo entre una relación y la siguiente.

Por su dificultad de entrar en una nueva relación, podríamos pensar en una persona no muy atractiva en el aspecto, con escasas dotes de comunicación y con pocas cualidades personales, en general.

Al contrario, puede tratarse de personas de buen aspecto físico y que se presentan bien pero que no entran en una relación si la posible pareja no presenta determinadas cualidades estéticas, de comportamiento y sociales.

Se trata, es decir, de averiguar si la dificultad de iniciar una nueva relación es debida al rechazo de otros a aceptarlo, o el rechazo propio a aceptar a otros porque no corresponden a sus expectativas.

Su tendencia a romper la relación, podría indicar, en cambio, escasas dotes de conformarse con la pareja o la dificultad de hacerse aceptar por un largo periodo.

Obviamente, esta no es una pareja aconsejable para la búsqueda de una relación estable y duradera.

d) Persona del tipo DD:

Clasificamos como tipo-DD a la persona que ha tenido pocas relaciones de largo período con largos intervalos de tiempo entre una relación y la siguiente.

Por su dificultad para entrar en una nueva relación, podemos pensar que se trata de una persona no muy atractiva en el aspecto y con escasas dotes de comunicación como el tipo-DF.

Al contrario, puede tratarse de personas de buen aspecto físico y que se presentan bien, pero que no entran en una relación si la posible pareja no presenta determinadas cualidades. Su tendencia a permanecer en una relación podría indicar buenas capacidades de conformarse con el compañero.

Es una pareja aconsejable para quien desea una relación estable y duradera.

....

Secreto nº63: La facilidad de los individuos para entrar en una historia de amor, podría indicar que se trata de personas de éxito.

Secreto nº64: Algunas mujeres con numerosas historias de breve período están buscando la figura paterna idealizada.

RESUMEN DEL CAPÍTULO IV

Secreto nº54: La pareja de éxito es la basada en el principio de libertad y respeto recíproco.

Secreto nº55: La pareja del hombre dominante sobre la mujer está destinada al fracaso.

Secreto nº56: Normalmente una persona que está enamorándose no se encuentra en condiciones de valorar la oportunidad de la elección. Nuestro método se propone hacerlo por ella.

Secreto nº57: Para proteger nuestro futuro tenemos que elegir la pareja sobre una base racional.

Secreto nº58: Si el lector acepta una relación con una pareja de riesgo, debería utilizar las indicaciones de nuestro método para una mejor gestión de la relación cuando la misma se vuelva conflictiva y controlar la fase de la casi inevitable ruptura, evitando daños.

Secreto nº59: Para clasificar una posible pareja hace falta saber cuántas relaciones ha tenido y si han sido de breve o de largo período.

Secreto nº60: Existe una alta probabilidad de que una persona elija su pareja de manera repetitiva, es decir, siguiendo siempre el mismo método de elección.

Secreto nº61: El cálculo numérico del factor M sólo es necesario para los casos dudosos.

Secreto nº62: Para el cálculo del factor M consideramos que la vida adulta se inicia a los 16-18 años.

Secreto nº63: La facilidad de los individuos para entrar en una historia de amor, podría indicar que se trata de personas de éxito.

Secreto nº64: Algunas mujeres con numerosas historias de breve período están buscando la figura paterna idealizada.

CAPÍTULO V

(Cada cual atrae a su igual)

1. La semejanza

En el capítulo precedente adelantamos que nuestro método se basa en la valoración de dos importantes aspectos relativos a cada uno de los protagonistas:

- El comportamiento en relaciones anteriores

- La semejanza entre los dos

Después de haber tratado el punto a) con la introducción del factor M, ocupémonos ahora de la semejanza, entendiendo no la física, sino la psicológica y cultural, ya que en la elección de pareja, la semejanza física no tiene importancia porque hay poca entre dos personas de sexo diferente; aquí mucho más importante es, en cambio, el parecido, o la falta de parecido, en otros aspectos sociales, culturales y étnicos.

Llamamos Factores de Semejanza a cinco parámetros que tienen gran importancia para la suerte de la pareja.

Tales factores son:

Religión, Educación, Cultura, Raza y Edad

Que brevemente llamaremos:

R.E.C.R.E

Llamamos aquí "SEMEJANTES" a dos parejas que tienen en común los factores de arriba y "DIFERENTES" a dos personas que tienen diferentes factores "RECRE".

Considerando el Factor M junto con los RECRE, más concretamente:

a) Definimos como "SEMEJANTES" a dos personas que presentan el mismo factor M y que, al mismo tiempo, son de la misma Raza y Religión y en los que existen pocas diferencias de Educación, Edad y Cultura

b) Definimos como " DIFERENTES" a dos personas que resultan de Factor M diferente según nuestra esquematización y que son diferentes en Raza o Religión y/o que tienen grandes diferencias de Educación, Edad y Cultura

Hemos visto en los apartados anteriores que la fase del enamoramiento y de la pasión es dominio del cerebro primitivo (o instinto), mientras la fase de monotonía, o de régimen, lo es del cerebro racional. Sabemos además que, generalmente, el período del enamoramiento y de la sexualidad (o pasión), es de breve duración, y con una subida de la calidad de vida de ambos por las emociones relacionadas con la sexualidad.

El periodo de régimen, al contrario, es de muy larga duración, alguna vez, toda una vida. Entonces, es de la máxima importancia preguntarnos:

¿Cuál será la calidad de vida de la pareja una vez acabado el período de la pasión?

La finalidad del método M es la de dar una respuesta a esta pregunta.

El estudio efectuado por el autor sobre un número estadísticamente significativo de parejas, ha revelado que la presencia en los dos protagonistas de rasgos comunes, condiciona el futuro de la relación.

Precisamente, podemos resumir el resultado de esta búsqueda afirmando que **la calidad de vida** de una pareja en el período que hemos llamado de régimen, pasado el período de la pasión, sigue lo que podemos llamar el

PRINCIPIO DE LA SEMEJANZA:

- Cuanto más SEMEJANTES son las personas, más alta es la probabilidad de que los dos vivan una relación con buena calidad de vida.

- Cuanto más DIFERENTES son las personas, más alta es la probabilidad de que los dos vivan la relación con una baja calidad de vida.

Le aclaramos al lector que incluir la raza en los factores que influyen en la calidad de vida de la pareja, no tiene ningún sentido racial. Al contrario, creemos que la mezcla biológica de las razas es una de las mejorías genéticas a donde se dirige la humanidad; pero, aunque conozcamos muchas parejas de raza diferente que viven en perfecta armonía, tenemos que decir que las estadísticas indican que, generalmente, una relación entre dos personas de distinta raza encuentra más dificultades. En general, tenemos que afirmar que los estudios de parejas conflictivas demuestran que, si dos personas son diferentes en el factor M y en los factores RECRE, su calidad de vida de pareja hay que considerarla de riesgo. En estas parejas, el porcentaje de convivencias difíciles, o violentas, con separaciones y divorcios es claramente superior a la media.

Diremos más: la mayor parte de mujeres matadas por su compañero, se encuentra en parejas que, además de tener un factor M diferente, presentan también fuertes diferencias en los factores RECRE.

Y con estas indicaciones, el lector ya habrá empezado a entrever de qué tipo de pareja tiene que mantenerse alejado.

Pero vamos adelante en nuestras consideraciones.

Quizás el lector se habrá asombrado al ver que un factor como la economía o el bienestar económico no aparece en la lista de los factores que influyen en la calidad de vida de la pareja, ya que en las sociedades modernas existe la cultura de que el dinero es un factor decisivo o importante para la futura felicidad. Desde siempre, las mamás aconsejan a las hijas elegir un "buen partido", imaginando que, con tal elección, la hija se asegura una buena calidad de vida futura.

Se trata de un gran error.

El dinero, en nuestra sociedad, es útil para vivir bien, pero vivir bien económicamente no significa necesariamente, y es esto lo que nos interesa conseguir, vivir en armonía y felices como pareja.

El 99% de la humanidad ha vivido en los últimos siglos y milenios en la pobreza, pero eso no significa que los individuos necesariamente fueran infelices o conflictivos como pareja;

¡Al contrario!

Entonces, estamos de acuerdo con el dicho popular "El dinero ayuda pero no hace la felicidad"; y aquí nosotros tratamos sólo la felicidad o infelicidad en la pareja, y no de su bienestar económico.

Es también verdad que muchas veces el dinero se convierte en un elemento desencadenante de la conflictividad, cuando falta el mínimo necesario; pero, en general, no lo consideramos como un factor determinante para la felicidad de la pareja.

……………………..

Secreto nº65: Cuanto más parecidas son las personas, más alta es la probabilidad de que la pareja viva una relación con buena calidad de vida.

Secreto nº66: Cuanto más diferentes son las personas, más alta es la probabilidad de que los dos vivan la relación con una baja calidad de vida.

2. El Engaño inicial

Hemos visto que, según el principio de la semejanza, dos personas que se parecen tienen mayores probabilidades de vivir juntos una buena calidad de vida.

Es decir, que Semejanza y Calidad de Vida van del brazo.

Tenemos entonces que preguntarnos:

"¿Considerando que la Calidad de Vida cambia en el curso de la relación, (como indica el Diagrama del Amor), y que, al mismo tiempo, tal Calidad de Vida está atada estrechamente a la Semejanza, podemos concluir que también la Semejanza entre los dos cambia en el curso de la relación?"

A primera vista, una respuesta positiva a tal pregunta podría parecer extraña, porque si dos personas se parecen, podríamos pensar que es para siempre.

Quien piensa de tal modo, evidentemente, no sabe lo que le ocurre a una pareja en el curso de la relación.

En realidad, la semejanza cambia en el curso de la relación exactamente de acuerdo con el Diagrama del Amor.

Y si alguien tuviera duda de si es la Semejanza la que cambia la Calidad de Vida, o al contrario, el autor aclara que, normalmente, es la Semejanza la que gobierna la Calidad de Vida y no al revés.

Hemos visto que durante la fase del enamoramiento cada uno de los dos cambia el propio modo de ser o de comportarse para conquistar al otro. Estos cambios, completamente instintivos, sin embargo, no duran mucho tiempo y se apagan al final del período de la pasión. Entonces, tenemos que esperarnos una disminución de la Semejanza al término del periodo de la pasión.

Hay también otros posibles acontecimientos que llevan cambios en el comportamiento de una persona hacia el otro, por ejemplo una relación con una tercera persona, un luto, la pérdida del trabajo, una depresión, la menopausia, enfermedades, etc.

Todo esto puede considerarse normal, en el curso de la vida, pero hay más.

Volvemos un instante a nuestras notas respecto a la fase del enamoramiento, cuando hemos visto que el cerebro de cada uno se pone en un modo de funcionamiento particular.

Si los dos están enamorándose, el cerebro primitivo de cada uno toma el control y actúa de forma que:

a) Cambia su propio comportamiento para parecer más semejante y agradable al otro.

b) Apaga el propio juicio racional de modo que el comportamiento del otro parezca más semejante (agradable) a sí mismo.

Este "modus-operandi" de nuestra psique, dirigido claramente a empujar a uno en los brazos del otro, sigue fielmente el Principio de la Semejanza.

Se trata de una verdadera "operación-semejanza" que en Ingles, de manera más descriptiva, toma el nombre de "mirroring", desde la palabra mirror=espejo.

El individuo, además de cuidarse más, de usar ropa más atractiva, perfumes, etc., muestra a la futura pareja de todos los modos posibles que es como él/ella: declara tener los mismos intereses, compartir gustos, experiencias, costumbres, opiniones, etc.

Todo eso ocurre de manera instintiva y así ha sido durante millones de años. Además, no podría ser de otra manera, considerando que es el cerebro primitivo quien está al control, y éste sabe muy bien que la Semejanza tiene un papel determinante para el éxito de la unión entre los dos.

Todo esto es plenamente natural y aceptable si se presenta en cierta medida y bajo control del cerebro primitivo.

Desafortunadamente, en algún individuo este comportamiento cae bajo el control de la racionalidad y se transforma en un verdadero "Engaño Inicial" (I.I.) directo a engañar racionalmente al otro y llegar a conquistarlo de forma fría y resuelta. Pero en la vida, generalmente, los engaños se pagan y un Engaño Inicial dirigido a mostrarse tan parecido al otro, pese a fuertes diferencias, se pagará más tarde. Dentro de la próximas líneas llamaremos el primer tipo **Engaño Inicial Instintivo**, y el segundo **Engaño Inicial Intencional**, es decir, frío y racional.

Caso nº10

Mario, un chico romano, 22 años, había conocido a Luigia en una discoteca; ella, un año mayor que él, gafas redondas, sonrisa llamativa, estudiante de música. Fue para él un flechazo, pero Mario percibió enseguida, instintivamente, no estar a la altura de Luigia: demasiadas diferencias entre sí. Él era un simple fontanero, amante del futbol, de bailes de discoteca y loco por las patatas fritas; ella, persona intelectual, amante de la música y de su historia. Así, al salir de la discoteca, Mario, para hacerse interesante a los ojos de ella, se interesó en conversar de música. Luego, una vez en su casa, Mario corrió a la enciclopedia que la madre muchos años antes, cuando esperaba un diferente camino profesional para él, le había comprado con pagos mensuales, y pasó el día entero deshojando las páginas de la "M", más concretamente, "Música Clásica".

En la tarde del segundo encuentro con Luigia, se sentía bien preparado y se mostró brillante y atento, hablando de Mozart y Beethoven.

De vuelta a casa, Mario creyó haber alcanzado su blanco; Luigia al saludarlo lo besó frente a la puerta, diciéndole "mañana te llevo conmigo, estoy segura de que te gustará."

La noche siguiente, Mario salió con Luigia, sin saber a dónde se dirigían. Para hacer la historia corta, a las diez de la noche Mario se encontró en una sala palaciega con antiguos espejos en las paredes y angelitos pintados en el techo, sentado en medio de otras veinte personas mayores de edad, frente a cuatro músicos, un enorme pianoforte y lo que le pareció un gran violín apoyado en el suelo.

En el programa de música de cámara que Luigia entusiasmada le mostró, Mario vio nombres totalmente desconocidos, no aquellos que había memorizado la mañana antes en su casa.

Mario me contó que cuando, después de casi media hora de música aburrida, él se durmió, Luigia lo despertó con un codazo, arrastrándolo fuera de la sala.

Él confesó que no aguantaba la música clásica y Luigia no lo tomó bien. Mario lo descubrió después, cuando la llamó para una nueva cita, a la que ella se negó.

A Mario me lo mandó el padre, mi amigo, después de que hubiera presentado claras señales depresivas por perder a su Luigia, pidiendo mi consejo para recuperarla. En realidad, yo no pude hacer mucho. Mario, con su Engaño Inicial Intencional, había violado la regla base del enamoramiento y había quemado todas sus posibilidades con Luigia.

Poco tiempo después, mi amigo me contó que Mario se había recuperado bien al encontrar una chica a la que le gustaban las patatas fritas y los partidos de futbol.

Hemos dicho que una vez que nos unimos sexualmente, la conquista ha ocurrido; Madre Naturaleza ha conseguido cuánto quiso y, por lo tanto, la necesidad de mostrarnos semejantes al otro acaba.

Entonces, al final del período de la pasión, el cerebro primitivo pasa el mando al cerebro racional y cada uno vuelve a ser él mismo, con sus costumbres, y con su carácter, mostrándose a su pareja como es realmente. Los dos no se ven ya tan semejantes, como en la fase de la pasión, y, bajando la semejanza, baja la calidad de vida, como mostramos en el diagrama del amor.

El valor de la pérdida de calidad de vida depende del valor del Engaño Inicial. El futuro de la pareja depende de las diferencias que emergen una vez revelado el engano inicial.

En caso de que el engaño inicial haya sido particularmente pesado o eficaz, según los puntos de vista, una de las dos personas o ambas se encontrarán con la frustrante sensación de haber sido engañada o, en el mejor de los casos, con una pareja diferente de la que había conocido.

Son numerosas las mujeres que recuerdan divertidas las torpes imitaciones hechas por el compañero en el intento de conquistarlas. En estas situaciones, el engaño inicial se considera normal y no crea dificultad para el futuro de la pareja.

Cuando, en cambio, el engaño es empujado más allá, con intención racional de engañar, se tendrán pesadas consecuencias en la calidad de vida de la pareja.

En general, podemos afirmar que, cuanto más grande fue el engaño inicial, más grave resultará la pérdida en calidad de vida después el período de la pasión.

La entidad del engaño Inicial es un factor que condiciona la calidad de vida de la pareja como el factor M y el grado de parecido. Sin embargo, esto no es conocido en el momento de emprender la relación, ya que surgirá más tarde, al final del período de la pasión. El lector sólo podrá dar la máxima atención a cualquier indicio de que la posible pareja pueda estar haciendo un Engaño Inicial Intencional y tenerlo muy en cuenta.

Podemos, en conclusión, afirmar que la calidad de vida de la pareja en el período de régimen, o de la monotonía, depende directamente de estos tres elementos:

- FACTOR “M”
- SEMEJANZA
- ENGAÑO INICIAL

....

Secreto nº67: La semejanza entre los dos cambia en el curso de la relación y en particular al final de la fase de la pasión.

Secreto nº68: Generalmente cada cambio que aumenta las diferencias entre los dos, acaba bajando la calidad de vida de la pareja.

Secreto nº69: La calidad de vida de la pareja, durante la fase del régimen (o de la monotonía) depende de tres elementos: Factor M, Semejanza y Engaño Inicial.

3. Parejas y Calidad de Vida

3.1 Tipos de parejas según el factor M

Para iniciar la valoración de la calidad de vida de la futura pareja tenemos que identificar nuestro factor M y el de nuestra posible pareja. ¿Qué tipo de parejas podemos encontrar?

Con las combinaciones de los factores "M" se pueden formar, en la vida práctica, las siguientes diez posibles parejas:

. Pareja FF+FF formada por dos personas tipo FF

. Pareja FF+FD formada por una persona tipo FF y una FD

. Pareja FF+DF formada por una persona tipo FF y una DF

. Pareja FF+DD formada por una persona tipo FF y una DD

. Pareja FD+FD formada por dos personas tipo FD

. Pareja FD+DF formada por una persona tipo FD y una DF

. Pareja FD+DD formada por una personas tipo FD y una DD

. Pareja DF+DF formada por dos personas tipo DF

. Pareja DF+DD formada por una persona tipo DF y una DD

. Pareja DD+DD formada por dos personas tipo DD

Obviamente, hemos considerado que, por ejemplo, una pareja FD+DD y la pareja simétrica DD+FD son equivalentes.

En cambio, una diferencia importante deriva del hecho de que la persona con un determinado factor M, sea el hombre o la mujer.

Pongamos un ejemplo: la vida de una pareja DD+FD tendrá un diferente futuro si la pareja FD es el hombre o la mujer. Entraremos en este aspecto en el curso de la exposición más adelante, cuando nos refiramos a varios casos concretos de vida.

Secreto nº70: Identificado el factor M de cada uno, podemos encontrarnos 10 tipos de parejas.

Secreto nº71: La historia de la pareja será diferente según quién de los dos tiene un determinado factor M.

Secreto nº72: Las parejas con más riesgo son en las que el hombre es del tipo "D" y la mujer es del tipo "F".

Secreto nº73: El riesgo peor se presenta (sobre todo para la mujer) cuando ella es del tipo "F" y quiere romper la relación con un hombre del tipo "D" que quiere mantenerla.

3.2 Semejanza y Engaño Inicial

El segundo paso en la valoración de la calidad de vida de la futura pareja precisa valorar el parecido en los cinco factores RECRE

Es decir:

Religión, Educación, Cultura, Raza, Edad

(R.E.C.R.E.)

El orden de importancia para el futuro de la pareja debería ser en orden decreciente:

1ª **Religión**

2ª **Raza**

3ª **Cultura**

4ª **Edad**

5ª **Educación**

Aclaramos que por "**Educación**" se entiende el nivel escolar de la persona.

El efecto de la diferencia de edad entre los dos debe ser valorado como sigue:

- **Diferencias de edad** alrededor de los cinco años:

Ningún efecto

- **Diferencias de edad** alrededor de los diez años:

Efecto mediano

- **Diferencias de edad** alrededor de los veinte años:

Efecto significativo

Por fin dividimos la Semejanza en:

Alta, mediana y baja,

como sigue:

- **Semejanza alta**: Si no existen diferencias dignas de mencionar en los Factores RECRE.
- **Semejanza mediana**: Si hay diferente Cultura, Edad o Educación.

- **Semejanza baja**: Si resultan diferentes la Religión o la Raza.

Obviamente, cada uno de los tres niveles de Semejanza podrá resultar más bajo de lo indicado, en caso de contemporaneidad de más o de todos los factores RECRE. El caso más grave ocurre cuando todos los factores RECRE son diferentes en los dos.

Para la valoración del efecto producido por el Engaño Inicial, nos limitaremos a los casos de Engaño Inicial Intencional porque el Engaño Inicial Instintivo puede considerarse natural y también benéfico para la pareja.

....

Secreto nº74: Raza y Religión son los dos más importantes factores de semejanza.

Secreto nº75: Se tiene que poner la máxima atención en descubrir un eventual Engaño Inicial Intencional.

3.3 Factor M y Calidad de Vida

Ya hemos visto que en la vida se pueden encontrar diez diferentes tipos de parejas, ahora vemos cuales pueden ser las expectativas de Calidad de Vida de cada una, según los Factores M.

Más adelante analizaremos el efecto de la Semejanza y del Engaño Inicial Intencional.

Aquí están algunas consideraciones para cada tipo de pareja:

3.3.1. Pareja FF+FF

Si sois un tipo FF y habéis encontrado otro tipo FF, tenéis sólo que alegraros, de acuerdo con lo indicado en el principio de la Semejanza. Un Factor M del tipo FF en ambos indica que la relación será buena, aunque no será de largo período.

Podríamos llamar ésta, jugando un poco con las siglas, la pareja de la relación Feliz y Fugaz, es decir, FF ¡exactamente!

La duración del enamoramiento en estas parejas es, generalmente, breve, y breve también, probablemente el período de la pasión y de régimen.

Éste es el tipo de relación con buena calidad de vida, con la condición de que no existan grandes diferencias en los factores RECRE y no haya habido un Engaño Inicial Intencional.

El fin de la relación, generalmente, ocurre sin particulares sufrimientos porque, en el fondo, ambos quieren la misma cosa: la libertad de buscar otra pareja.

Se trata, a menudo, de una pareja en la que la ruptura ocurre por la traición de uno de los dos.

En una pareja del tipo FF+FF podemos esperar una relación de más larga duración pero de tipo conflictivo, si uno de los dos, estando a gusto con la nuevo pareja, cambia y se transforma en un tipo FD e intenta quedarse más en la relación.

Caso nº11

Éste es un caso en que el infrascrito no hizo nada, o porque ninguno de los dos me consultó, o a causa de la rapidez en que la historia se desarrolló. Fue interesante observar como esta relación del tipo FF+FF se desarrolló a mí lado.

Brian había sido mi compañero de trabajo en EEUU, 38 años, divorciado, con tres niñas americanas; un querido amigo que yo ya, desde hacía tiempo, había clasificado del tipo FF, pues me había contado las vicisitudes de su vida de relación.

Brian había tenido muchas historias, todas de breve período y, sobre todo, con mujeres mayores que él, divorciadas o separadas. Él mismo me confesó no saber porqué una vez conocida sexualmente la nueva compañera, después de un breve período no la encontraba más atractiva y perdía sencillamente interés por ella. Lo que le atraía era solo la sexualidad de la nueva conocida y, apenas descubierta esta sexualidad, ¡su libido caía a cero! Por lo restante Bryan era una muy buena persona y óptimo profesional, pero yo no lo habría recomendado nunca a una mujer que buscara una pareja para una relación de larga duración.

Un día llegó al despacho Susy, 24 años, raza blanca, técnico de mantenimiento. Había trabajado cuatro años en la Armada americana especializándose en una particular tecnología. A mi observación se reveló pronto como una persona interesante para una relación de pareja. En el trabajo se reveló pronto como un técnico excelente, una prueba de que el cerebro femenino en algunas profesiones tiene algo de lo masculino. Una intuición única en localizar el problema y arreglarlo, dejando después todo en su sitio con una meticulosidad increíble. Si un técnico hombre trabaja con una instrumentación se sabe enseguida mirando los rastros que deja detrás de sí, una vez acabado el trabajo. Con ella, todo quedaba en su sitio, en un orden perfecto. En cambio, su vida sentimental se mostraba un poco problemática. Me confesó que, después de un primer gran amor, acabado en tragedia (su novio se había matado con la moto) había tenido varias relaciones, pero todas de corto periodo: los hombres, sencillamente, la aburrían. Por lo demás, era una persona simpática y abierta a la comunicación.

Acabé pronto observando que estaba simpatizando con Brian, ambos americanos de raza blanca, misma religión (protestante), pero yo consideraba improbable una relación sentimental entre los dos a causa de la diferencia de edad.

¡Me equivocaba! Ya el primer fin de semana, con mi estupor, los dos salieron juntos. Dos semanas después, Bryan me confesó que la historia ya había acabado. La historia, por un tiempo, quedó no definida y con un poco de curiosidad por mi parte, pero todo se aclaró algunos meses más tarde, cuando me encontré con Susy en un barbacoa, puro estilo americano.

Delante de una hamburguesa con una botella de cerveza en la mano, Susy me explicó que, según ella, una mujer no puede saber si un hombre le gusta o no, y decidir tener con él una relación, hasta que los dos se acuestan en la cama. ¿Y entonces por qué gastar tiempo? ¡Mejor hacerlo enseguida! Y con Brian lo había hecho enseguida, y no le había gustado, sólo se había aburrido. Entonces, la historia se acabó.

¡Sic et simpliciter! Como dijeran nuestros antepasados romanos

Evidentemente Susy era un perfecto FF y con Brian, un FF también, la pareja resultaba del tipo FF+FF, y, como tal, la relación había sido Feliz y Fugaz. (FF exactamente).

3.3.2 Pareja FF+FD

Ésta es una pareja que se forma con facilidad. La fase del enamoramiento es breve y la de la pasión es intensa pero corta y destinada a agotarse rápidamente, al menos para la persona FF.

Pasado el período de la pasión, nos encontramos frente a dos personas en potencial contraste porque una de las dos se cansa de la relación y va buscando su libertad, mientras la otra quiere continuar la relación.

La calidad de vida en el período de la monotonía es por lo tanto baja. Si la historia no se interrumpe, se continúa sobre la base de compromisos. Se trata de una pareja de riesgo.

Éstas son relaciones potencialmente peligrosas, pero en forma diferente, según sea la mujer FD o FF.

Caso A: La persona FD es la mujer

Ésta es típicamente la pareja de los compromisos. La mujer tiende a permanecer en la relación, aún más si han nacido hijos.

El hombre FF aguanta mal la relación y sobre todo el peso de una familia y de los hijos.

En cambio, la mujer por su propia naturaleza se hace cargo de la familia y acepta compromisos y humillaciones para no perderla.

El hombre, intuyendo tal disponibilidad por parte de la compañera, aún más levantará el precio de la convivencia y tenderá a desarrollar intereses y amistades fuera de la familia, con importantes ausencias de casa.

Es la típica relación donde el hombre busca diversiones y aventuras que le permitan aguantar la vida familiar.

Una pareja de este tipo se crea una imagen de aparente normalidad, pero en el interior son dos personas, cada una aislada en su mundo desde hace tiempo.

La situación está claramente en manos del hombre. Él podrá siempre pretender algo más hasta superar el límite de compromisos aceptables por parte de la mujer, o podrá sencillamente marcharse. La mujer continuará aguantando con el peso de hacer crecer a los hijos. Para ella será muy difícil reconstruirse una vida afectiva. Cuando los hijos sean grandes y tomen su camino, probablemente la mujer, ya no joven, se quedará sola.

A una mujer en esta situación, recomendamos fuertemente crearse una actividad y muchos intereses alternativos a su trabajo, como cultura, amigos, y viajes, así que cuando los hijos se marchen, pueda continuar sin traumas una vida independiente.

Este tipo de relación ha sido muy común en el pasado, y continúa siendo muy presente en la sociedad actual en buena parte de las parejas de largo plazo.

Caso B: La persona FD es el hombre

Como ejemplo consideramos el caso de una pareja donde la mujer ha tenido algunos años de vida libre sin responsabilidad y con muchas y frecuentes relaciones sentimentales; una mujer con fuertes convicciones de libertad y autonomía, y con escasa capacidad de adaptarse a una misma pareja por un largo período de tiempo.

El hombre en cambio, es una persona ya divorciada que ha tenido pocas relaciones antes de la actual, pero de período bastante largo, mostrando una clara tendencia a acostumbrarse a su pareja y a quedarse en la relación.

La calidad de vida en la fase del enamoramiento y la pasión es buena, pero la caída hacia la fase de la monotonía (o régimen) es bastante rápida ya que la mujer se cansa pronto y quiere marcharse.

Delante de un hombre que se muestra listo a aguantar compromisos para salvar la relación, la mujer pone condiciones cada vez más pesadas. Las relaciones sexuales se hacen raras e insatisfactorias para ambos, pero sobre todo para la mujer, que manda claras señales de malestar.

Al menguarse la calidad de las relaciones sexuales, el hombre insiste en tener más relaciones, y la mujer, sintiéndose presionada, se opone, de un modo discreto al principio, pero con negativas cada vez más rotundas. El hombre, como a menudo ocurre, ignora una característica típica de la mujer: la resistencia progresiva a un contacto sexual que no le apetece o que no considera oportuno, adecuado o necesario.

Se trata de un comportamiento instintivo y muy firme: Madre Naturaleza ha dado a la mujer el instinto de oponerse con toda su fuerza y no hay nada que pueda inducirla a un contacto sexual en esta condición. Una insistencia por parte del hombre será interpretada como una tentativa de violación y una mujer está dispuesta a todo, hasta (en casos extremos) a dar su propia vida para evitarlo.

Entonces, si él sigue insistiendo, la mujer reaccionará de forma poco a poco más violenta. El paso a la violencia verbal y psicológica es casi inevitable. Si luego se pasa a la violencia física, obviamente será la mujer quien sucumba.

Muchos hombres, especialmente los más jóvenes, ignoran este comportamiento femenino y no logran darse una explicación de esta negativa al contacto; para muchos, si la mujer se niega es porque “tiene otro”. Lo que, en la mayoría de los casos, no es verdad.

Si la sexualidad entre los dos continua de esta forma, la mujer normalmente se marcha.

A este punto, vemos ocurrir en la vida de cada día dos cosas:

a. O se llega a una traumática ruptura de la relación con separación y divorcio con consecuentes sufrimientos, traumas afectivos y pérdidas económicas para ambos,

(Los dos continuarán su vida por diferentes caminos, a lo mejor incurriendo en los mismos errores al elegir la próxima pareja).

b. O bien, el hombre, ya exasperado, pasa a la violencia física y la mujer se opone con la única arma que tiene, es decir, con la agresividad verbal en un crescendo dramático. Si alguien no interviene, amigos, familiares, autoridades, etc., el hombre, en un estallido de violencia, levantará las manos.

En muchos casos la mujer aguantará; en otros, denunciará al hombre por maltratos con todas las consecuencias que cada día podemos observar.

Si el lector piensa que estamos dramatizando, lea con atención la crónica y las estadísticas y verá que, desmesuradamente, casi todas las relaciones conflictivas siguen este dramático recorrido.

Para dar una dimensión al fenómeno recordamos que según las estadísticas, por cada relación que acaba en los periódicos, es decir, donde el hombre mata a su mujer, son 2000 las mujeres que han denunciado a su pareja por maltratos; y por cada mujer que denuncia, otras diez se quedan calladas.

Citamos otros ejemplos de este tipo de pareja (FF+FD) tomados de la crónica, en el cual el hombre es FD:

Primer ejemplo

Un hombre del tipo FD pero con el factor agravante de una fuerte diferencia de edad.

El hombre es un afamado profesional alrededor de los 50 años con familia. La mujer, una chica de 25 años con fuertes ambiciones y una variedad de precedentes y breves relaciones. La chica acepta la relación para verse cortejada con adineradas atenciones y sobre todo, por la ayuda que el hombre puede darle en el área profesional.

Pasado un breve período de pasión y conseguido cuanto esperó, la chica se cansa de la historia y trata de marcharse, a lo mejor enamorándose de un hombre mucho más joven y poniendo en marcha el drama del cual finalmente será la primera víctima.

En casos como éste, los factores de riesgo son los celos y la baja autoestima del hombre. La amenaza de abandono por parte de la mujer es oída como un sufrimiento insoportable, como ya hemos visto, y un ataque a la autoestima.

El factor desencadenante de la violencia por parte del hombre se presenta cuando, en el curso de una de las continuas peleas, la mujer pasa a la ofensa verbal declarando su traición y haciendo comparaciones denigrantes contra su pareja.

Resultado: Una víctima mortal, una persona en la cárcel durante años, familias destruidas, etc.

Segundo ejemplo

El hombre FD, ya mayor, se encuentra y se relaciona con una joven chica inmigrada.

La gran mayoría de las mujeres inmigradas en nuestro país provienen de familias pobres y numerosas. Son personas que han pasado sufrimientos que los europeos no podemos imaginar. Están sin trabajo, sin documentos, y sin una casa. En su país han dejado quizás hijos menores y, ciertamente, una familia en gran dificultad. Para tales mujeres, una relación con un hombre de buena situación económica, sea la que sea su edad, es un golpe de suerte, y la solución a casi todos sus problemas.

Al tiempo de hoy, para un hombre solo, encontrar una de estas chicas resulta muy atractivo y emocionante.

El mayor número de separaciones y divorcios ha dejado disponibles para las chicas inmigradas una gran cantidad de hombres solos y con un mínimo de consistencia económica. Aquí tenemos los ingredientes para tener problemas y, a menudo, ¡para arruinarse la vida!

Con esto, no queremos afirmar que todas las relaciones de este tipo acaben mal, sólo la mayoría.

La diferencia de raza, religión, edad y cultura, (los factores RECRE) son las premisas para el desastre en el 90% de los casos y quién pagará los gastos (en contado) será el hombre, a menos que se llegue a la violencia física; en tal caso, será la chica quien pague el precio más alto.

La relación comienza bien para ambos y pasa rápidamente a la fase de la sexualidad que es lo que más desea él.

El hombre, que ya no es joven, está separado o divorciado con hijos que lo demuele también en lo económico. Hasta ahora, no ha conseguido encontrar una pareja "nacional"; las nacionales tienen mucho cuidado al elegir una nueva pareja, mientras las inmigradas son fáciles (y lo afirmo con el máximo respeto) a causa de sus condiciones de extrema necesidad.

Luego la unión se ha formado sobre estas bases: necesidad de sexo por parte del hombre y necesidad económica por parte de la chica.

Acabado el período de la pasión empiezan los problemas. La chica se cansa pronto de la relación porque la parte económica no es quizás tan conveniente como ella esperaba, visto que él tiene también que pagar la mitad de sus ingresos a la ex mujer y a los hijos.

Ella también está presionada por la familia que ha dejado en su país de origen, que necesita dinero, y esto la empuja a buscar alternativas; esta situación empieza a crear tensión en la pareja.

Claramente, ella no se irá hasta que haya encontrado a otro que pueda ayudarla económicamente así que se va creando una situación de grave peligro: cuando ella se marche, será porque "tiene otro".

El hombre FD, mayor de edad, con una pareja FF mucho más joven que se marcha, es potencialmente un maltratador. El insistirá para no perderla y los altercados que seguirán podrían desembocar en violencia física. Muchas veces desembocan en homicidio o en homicidio-suicidio.

Las estadísticas indican que las chicas inmigradas víctimas de violencia por parte de un hombre "nacional", sobre todo, si es mayor de edad, son muy numerosas.

El hombre sufre también daños serios en su calidad de vida. Si ha maltratado a su pareja se va a la cárcel, pero también si no ha llegado tan bajo, habrá sufrido posteriores pérdidas económicas.

Quien escribe tiene la satisfacción de haber salvado a varios hombres y chicas de esta suerte, pero también ha tenido que asistir impotente a la ruina de hombres mayores y a la violencia contra chicas y mujeres indefensas.

Caso nº12

Fabricio, 58 años, divorciado, dos hijos en custodia de la madre, empleado municipal. Ella, nombre Regina, brasileña (Salvador de Bahía), una hija de 4 años dejada a la madre, familia numerosa de pobreza absoluta. Llegada a Italia no se sabe cómo, comparte un piso con otras en un barrio pobre de Roma. Se busca la vida limpiando casas y, ocasionalmente, montando a mano bisuterías; un joven novio, brasileño, de vez en cuando.

Fabricio y Regina se conocen en una discoteca, amor a primera vista, a la cama la misma noche del primer encuentro. La relación empieza así.

Una amiga italiana de Fabricio y de la ex mujer, también conocida mía, me contacta, contando la historia y pidiendo ayuda. Indico lo que probablemente va a ocurrir y que sólo no sé cuándo. La amiga italiana pide a Fabricio ponerse en contacto conmigo, pero él contesta que "éste es un asunto suyo y que nosotros deberíamos ocuparnos de los nuestros." ¡Toma ya! Asunto cerrado.

A Fabricio lo conozco dos años después, cuando viene finalmente a verme aconsejado por la amiga común. Está devastado en el alma, y económicamente en ruina. No puedo hacer mucho por él, pero lo recibo igualmente, viéndolo muy trastornado y tengo que admitir también que para saber cómo había acabado la historia. Aquí está lo que ocurrió:

Regina, después de dos semanas de su primer encuentro en la discoteca, se traslada al pequeño piso en alquiler de Fabricio.

Después de un mes, la sexualidad entre los dos se apaga sobre todo por parte de la chica, mientras suben día a día las pretensiones económicas. La madre en Brasil necesita curas, la niña tiene que pagar la escuela, los hermanos están sin trabajo, etc.

A menudo, la casa está invadida por brasileños, comida incluida, y después, todos a fumar maconha (hashish brasileño). Si Fabricio al regreso del trabajo protesta, la relación se pone tensa. Con consecuente rechazo a cualquier contacto sexual. Luego Fabricio nota que la "disponibilidad" de Regina depende de las concesiones económicas a favor de la familia en Brasil. Si Fabricio se lamenta, la respuesta de Regina es siempre la misma: "¡Si quieres una chica guapa y joven tienes que pagar!"

La situación se descubre cuando Fabricio, en el momento de pagar uno de los astronómicos recibos del teléfono, nota un número desconocido pero repetitivo y realiza un acto contra la ley: Conecta un grabador a la línea telefónica y descubre de tal modo que la buena Regina tiene otro sesentón como él, al que saca dinero.

En un par de encuentros logramos eliminar el riesgo de que Fabricio le levante las manos. Pero acaba bien: Fabricio, algún día después, mientras Regina está fuera, cambia la cerradura de casa y le pone sus maletas fuera de la puerta. Luego se marcha y durante 10 días se queda en casa de su abuelita de noventa años.

Rogamos al lector no cometer el error de generalizar por nuestra culpa: La chica de este caso era brasileña, pero pudo ser albanesa, nigeriana o polaca, no habría diferencia. No es el ser brasileña lo que crea la situación, sino el encontrarse en situaciones desesperadas, sin trabajo, sin hogar, sin documentos, en un país extranjero.

Nosotros, italianos, históricamente inmigrados en varios países del mundo en el siglo pasado, hemos sido víctimas de graves generalizaciones en cuanto italianos y no en cuanto pobres inmigrantes. Quien escribe ha conocido en Brasil tanta buena gente y, sobre todo, mujeres extraordinarias en cuestión de educación, cultura y familia. Por favor, no generalicemos.

Secreto nº76: Cuando es la mujer la que quiere irse y el hombre quiere permanecer en la relación, hay un alto riesgo de violencia.

Secreto nº77: Entre las parejas de alto riesgo están las formadas con mujeres inmigradas, que buscan a toda costa una relación como solución, sobre todo económica, a sus problemas.

3.3.3 Pareja FF+DF

Las parejas de este tipo normalmente tardan un tiempo en iniciar la relación. La DF es una persona que piensa bien antes de dejarse llevar en una nueva historia de amor o bien, en el caso opuesto, que tiene dificultad para hacerse aceptar. A pesar de este lento inicio, una vez iniciada la relación, la fase de la pasión no dura mucho, y pronto los dos se cansan y quieren salir.

La calidad de la vida es buena, sea en la fase de la pasión, sea en la fase de régimen. El paso de la fase de la pasión a la de régimen, generalmente, es tranquilo y bastante rápido.

Como la mujer y el hombre tienen la común tendencia a salir de la relación, la historia tiene pronto un fin, normalmente sin traumas.

3.3.4 Pareja FF+DD

En este caso se trata de una pareja potencialmente conflictiva. Son personas con tendencias opuestas en la primera fase de la relación y en la siguiente.

Aquí también el inicio es particularmente lento y la calidad de vida es bastante baja para toda la fase instintiva (Enamoramiento y Pasión). Al principio, las conflictividades son superadas porque estamos en el momento en que (cerebro primitivo) los instintos no dejan espacio a la racionalidad y las diferencias son aceptadas gracias al deseo sexual.

Los problemas emergerán después, cuando, agotada la fase de la pasión, la racionalidad venza al instinto. En este momento, los dos tienen claramente tendencias diferentes: uno a quedarse y el otro a marcharse.

Si a estas tendencias, se suma algún factor precipitante como una fuerte diferencia en los RECRE y un pesado engaño inicial, nos hallamos frente a una pareja de alto riesgo.

Los desarrollos siguientes, sin embargo, podrían ser diferentes según si el tipo DD es la mujer o el hombre. Veamos algunas consideraciones en los dos casos.

Caso A: La persona DD es la mujer

Es un caso muy típico y frecuente.

Se trata a menudo de una mujer fuertemente racional, poco propensa a dejarse ir por los instintos. Tiene precisas expectativas de la relación: una esmerada elección de pareja y un preciso programa de vida. Ella se espera una larga relación, quizás una real solución de vida.

Podría tratarse de una mujer con una educación rígida y tradicional decepcionada por una única boda acabada mal. Antes de aceptar el primer contacto sexual quiere asegurarse las perspectivas a largo plazo. Por supuesto, con esta pareja su futuro no promete bien, o bien promete muy mal.

El hombre FF, como ya hemos visto, no puede satisfacer generalmente estas expectativas, a menos que algo nuevo ocurra entre los dos, como el nacimiento de un hijo, el descubrir fuertes intereses mutuos (trabajo, cultura, etc.) que lo lleve a cambiar su factor M en un FD.

La calidad de vida en el primer período puede ser buena, pero no muy elevada, con una rápida caída hacia el período de régimen por parte del hombre, y también a causa de las características de ella: poca sexualidad y mucha eficiencia. De esta forma los conflictos ya en la fase de la pasión son muy probables.

Si la relación no se interrumpe y se forma una familia, se creará la misma situación ya vista: una mujer que acepta compromisos y un hombre dominante, poco presente y con intereses, también amorosos, fuera de la familia. Los contrastes serán fuertes, la calidad de vida de la pareja será baja pero, presumiblemente, sin dramatismos.

Caso B: La persona DD es el hombre

Es una pareja donde la mujer FF, por su naturaleza, tiende a acabar con la relación en un tiempo breve. Como ya hemos visto, un hombre tiene dificultades en administrar con equilibrio una relación con una mujer que quiere marcharse. Él no comprende las motivaciones ni los mecanismos psicológicos de su pareja. Estamos en la práctica, en las mismas condiciones de la pareja FF+FD cuando el tipo FF es la mujer.

Para este tipo de pareja citamos aquí el caso frecuente de una chica atractiva del tipo FF que después de numerosas y breves relaciones, a lo mejor con un hijo ya tenido con "el amor de su vida ", al umbral de los 30 años, busca un hombre mucho mayor con una buena posición económica, como solución de todos los problemas.

Obviamente, no se trata de amor (de hecho, en amor, ella ya ha probado de todo) sino de una relación de conveniencia, casi de tipo comercial, esperando, a lo mejor, en caso de divorcio, poder quedarse con parte de la economía de esta pareja.

Mujeres atractivas inmigradas, a menudo con diferente cultura y religión, buscan estos tipos de relaciones. Mujeres cada vez más numerosas, tal como numerosos también son los hombres solos, no jóvenes, que, atraídos por el placer de tener a una compañera guapa y joven, se aventuran en estos tipos de relaciones, sin pensar en las consecuencias y en los graves riesgos para su propia calidad de vida. Hemos ya visto y comentado este tipo de historias.

Existen también otras situaciones en esta misma categoría, situaciones muy peligrosas, sobre todo para el hombre: el cine viene en nuestra ayuda, con un histórico ejemplo de pareja FF+DD, inmortalizada en una película que los jóvenes deberían ver: "El Ángel Azul".

Estamos en Alemania en 1936, Ella, "Lola Lola", muy guapa y muy fría, actúa en un club cabaret llamado "El Ángel Azul"; una mujer que ha vivido infinitas historias de amor de breve periodo, claramente una mujer FF por definición.

Él es severo, autoritario y reservado, profesor de literatura, claramente un hombre DD por cultura y estilo de vida. Al encontrarla, él se convierte en un ser sumiso y humillado por la obsesión amorosa y la atracción sexual, hasta convertirse en un payaso en las manos de ella, mujer de todos y de nadie al mismo tiempo. Hablo de Marlene Dietrich, una actriz y una película que han entrado en la historia del cine.

Ella y el profesor forman una pareja FF+DD de primera.

En perfecto acuerdo con las previsiones del método M, obviamente, el profesor acepta cada vez más compromisos para no perderla, degradando su existencia hasta perder trabajo, dignidad y la vida misma.

Marlene interpreta magistralmente el papel de mujer con un FF extremo, una de aquellas mujeres que con el perverso juego del "sí" y del "no" en cuestión de sexo, lleva a los hombres que cometen el error de enamorarse, a la autodestrucción. A menudo, son mujeres muy guapas con una atormentada infancia y adolescencia, o que han perdido "el gran amor de su vida".

¡El lector DD está avisado!

3.3.5 Pareja FD+FD

Los protagonistas de esta pareja tienen motivo para estar satisfechos. En efecto, ellos constituyen una de las parejas mejor formadas, porque respetan el principio de la semejanza, por lo menos, en cuanto concierne al factor M. Ambos tienen facilidad para empezar la relación y ambos tienen tendencia a quedarse, una vez pasado el periodo de la pasión.

La calidad de vida de los dos será buena, en la fase instintiva (Enamoramiento y Pasión), y en la fase de la racionalidad (Régimen o Monotonía). La fase del enamoramiento hacia la pasión es breve y el descenso hasta la fase de régimen será bastante lento y tranquilo.

El éxito a largo plazo de la pareja dependerá de la presencia o no de los factores RECRE.

3.3.6 Pareja FD+DF

Se trata de una pareja potencialmente conflictiva.

Las tendencias de los dos son diferentes en la fase de los instintos, y en la de la racionalidad. Sin embargo, como ya vimos en la pareja FF+DD la eventual conflictividad en la fase de la pasión es superada por el recíproco deseo sexual.

La fase del enamoramiento es lenta por el titubeo o por la dificultad de la persona DF para hacerse aceptar.

Algunas diferencias existen en el desarrollo de la relación según quién de los dos es un tipo o el otro. Veamos los dos casos.

Caso A: La persona DF es la mujer

La mujer, probablemente, es una persona que valora con atención a una nueva pareja y se toma todo el tiempo necesario antes de aceptarla; o bien, al revés, se trata de una persona que tiene dificultad en hacerse aceptar.

A pesar de estas lentitudes iniciales, esta mujer, pasada la fase de la pasión, no tiende a permanecer en la relación. En muchos casos, es una persona que ha quedado decepcionada o que pretende demasiado de su pareja.

Las mujeres que no aguantan una historia de largo plazo constituyen un grupo muy interesante en las estadísticas. Son personas que han tenido un primer amor importante en su vida pero que lo han perdido. Algunas veces son chicas a las cuales le ha faltado la figura paterna en la infancia y que, inconscientemente continúan buscándola en el propio compañero en la edad adulta.

La tendencia de la mujer a salir de la relación podría crear en la pareja de tipo FD, la misma situación ya vista por la pareja FF+DD.

Se trata por lo tanto de una pareja de riesgo. En caso de que estén presentes algunos de los factores agravantes de los RECRE o con un fuerte engaño inicial, la fase de la monotonía y la de la ruptura podrían ser dramáticas.

Caso B: La persona DF es el hombre

Se trata de un hombre que encuentra dificultad para entrar en una relación, o por su falta de atractivos estéticos, o por su baja autoestima y timidez.

Podría también ser una persona con fuertes expectativas en su pareja, expectativas que luego lo decepcionan. De aquí su fácil salida de la relación.

La mujer, del tipo FD, al revés, tiende a quedarse, creando entonces el tipo de relación con compromisos, ya vista, donde la mujer, más débil, acepta pesadas condiciones para salvar la relación, particularmente si hay hijos. En todas estas parejas se aplica el proverbio "¡En amor Vence Quien Huye!"

Sobre esta pareja ya se aplican las consideraciones sobre los riesgos y peligros vistos en las parejas FF+FD y FF+DD.

Como siempre, la presencia de los temidos factores RECRE agravantes, como la falta de semejanza y el engaño inicial, podrán desempeñar un papel importante sobre la suerte de la pareja.

3.3.7 Pareja FD+DD

En este caso, tenemos una pareja que encuentra algunas dificultades en las fases del enamoramiento por la presencia del tipo DD, pero que puede convertirse en una pareja estable en el futuro.

Como ya vimos, son parejas para las cuales las dificultades de la fase de los instintos (enamoramiento y pasión), son superadas fácilmente por el recíproco deseo sexual.

La segunda parte de su historia, la del Régimen o de la Monotonía, se desarrolla bastante a largo plazo y con una buena calidad de vida, siempre a condición de que no estén presentes factores RECRE agravantes y un engaño inicial intencional.

3.3.8 Pareja DF+DF

Se trata de una pareja que respeta el Principio de la Semejanza, al menos en relación al factor M. Por lo tanto, la calidad de vida podría ser buena dependiendo de la presencia de factores RECRE agravantes.

Se trata de una relación con un período inicial bastante largo, que puede terminar en breve tiempo porque en la segunda fase de la relación, es decir, de régimen, ambos son proclives a cansarse y a salir de la historia. El fin de la relación, generalmente, ocurre sin problemas y de mutuo acuerdo.

3.3.9 Pareja DF+DD

Se trata de una pareja con un período de enamoramiento bastante largo, puesto que los dos protagonistas son ambos del tipo D en la fase inicial.

En la fase de la pasión y la bajada de la pasión, la pareja se presenta con un cierto grado de conflictividad y con calidad de vida bastante baja. Pasada la fase de la pasión se crean las bases para una pareja de riesgo.

Como siempre, los siguientes desarrollos serán diferentes según quién es el DF o el DD. Veamos cómo:

Caso A: La persona DF es la mujer

Nos hallamos frente a una pareja de alto riesgo, como ya hemos visto en las parejas en que en la fase de régimen la mujer tiende a salir de la relación y el hombre tiende a quedarse. El riesgo de finales dramáticos está, como siempre, ligado a la incapacidad del hombre para administrar el abandono, o su amenaza, por parte de la compañera. El instinto a considerar a la mujer como **"suya"** y un delirio de celos, con consecuente ataque a su autoestima, están casi siempre presentes, aunque de forma escondida y no percibida a nivel racional.

La presencia de alguno de los factores agravantes RECRE, puede llevar ya a situaciones dramáticas.

Caso B: La persona DF es el hombre

Es la típica pareja de los compromisos, con la mujer que tiende a proteger la relación o la familia y el hombre poco presente ya visto anteriormente.

3.3.10 Pareja DD+DD

Con esta pareja, estamos de lleno en el respeto del Principio de la semejanza, al menos en cuanto concierne al Factor M.

Dos personas con este factor M que se casan, tienen óptimas probabilidades de formar una duradera familia. Algunas veces, dos personas DD se encuentran más tarde, después de un divorcio de ambos. Se trata, generalmente, de parejas tardías, o así dicho, de "unión-refugio".

Las estadísticas indican casos de personas que se conocieron jóvenes pero que tomaron cada uno su propio recorrido de vida y que mucho más tarde vuelven a encontrarse, ambos divorciados o viudos.

En general, es el caso de dos personas que han vivido una larga boda anterior, acabada en un divorcio, y que ahora buscan una relación segura y duradera para su vida de mayores con un pareja más apta, para evitar el error de su pasado; tienen la suerte de encontrar una persona en las mismas condiciones.

Los dos protagonistas buscan con atención a la pareja justa y la encuentran, obviamente, en un tipo DD en el lleno respeto del principio del parecido.

....

Secreto nº78: En amor vence quien huye. La persona que quiere abandonar la relación obliga a la otra que no quiere perderlo/a a aceptar compromisos.

Secreto nº79: Tener el mismo factor M es un óptimo indicio de futura calidad de vida de la pareja, sea la que sea la duración de la relación.

RESUMEN DEL CAPÍTULO V

Secreto nº65: Cuanto más parecidas son las personas, más alta es la probabilidad de que la pareja viva una relación con buena calidad de vida.

Secreto nº66: Cuanto más diferentes son las personas, más alta es la probabilidad de que los dos vivan la relación con una baja calidad de vida.

Secreto nº67: La semejanza entre los dos cambia en el curso de la relación y en particular al final de la fase de la pasión.

Secreto nº68: Generalmente cada cambio que aumenta las diferencias entre los dos, acaba bajando la calidad de vida de la pareja.

Secreto nº69: La calidad de vida de la pareja, durante la fase del régimen (o de la monotonía) depende de tres elementos: Factor M, Semejanza y Engaño Inicial.

Secreto nº70: Identificado el factor M de cada uno, podemos encontrarnos 10 tipos de parejas.

Secreto nº71: La historia de la pareja será diferente según quién de los dos tiene un determinado factor M.

Secreto nº72: Las parejas con más riesgo son en las cuales el hombre es del tipo "D" y la mujer es del tipo "F".

Secreto nº73: El riesgo peor se presenta (sobre todo para la mujer) cuando ella es del tipo "F" y quiere romper la relación con un hombre del tipo "D" que quiere mantenerla.

Secreto nº74: Raza y Religión son los dos más importantes factores de semejanza.

Secreto nº75: Se tiene que poner la máxima atención en descubrir un eventual Engaño Inicial Intencional.

Secreto nº76: Cuando es la mujer la que quiere irse y el hombre quiere permanecer en la relación, hay un alto riesgo de violencia.

Secreto nº77: Entre las parejas de alto riesgo están las formadas con mujeres inmigradas, que buscan a toda costa una relación como solución, sobre todo económica, a sus problemas.

Secreto nº78: En amor vence quien huye. La persona que quiere abandonar la relación obliga a la otra que no quiere perderlo/a a aceptar compromisos.

Secreto nº79: Tener el mismo factor M es un óptimo indicio de futura calidad de vida de la pareja, sea la que sea la duración de la relación.

CAPÍTULO VI

(Prevenir)

1. Valoración de la futura relación

Nuestro método permite hacer una previsión probable de la suerte que tendrá una pareja en lo que concierne a su calidad de vida, una vez conocido el factor M, y el grado de semejanza (RECRE).

Resumimos paso a paso el procedimiento a seguir:

- **Paso 1:** Identificar el factor M de cada uno de los dos. En caso de duda, aplicar el método matemático del Capítulo IV.
- **Paso 2:** Valorar el Grado de Semejanza en relación a las diferencias existentes sobre los cinco Factores RECRE, es decir, Religión, Raza, Edad, Educación y Cultura, como se indica en el Capítulo V.

- **Paso 3:** Averiguar si hay indicios de Engaño Inicial Intencional.

En la siguiente **Tabla de las Expectativas,** indicamos el probable futuro de la pareja como:

- Pareja feliz
- pareja neutra
- Pareja infeliz
- Pareja conflictiva

	Pareja	Semejanza	Calidad de vida	Duración	Pareja
	(Fact. M)		probable	probable	tipo
1	FF+FF	alta	alta	baja	feliz
	FF+FF	media	media	baja	feliz
	FF+FF	baja	baja	baja	neutra
2	FF+FD	alta	media	media	neutra
	FF+FD	media	baja	media	neutra
	FF+FD	baja	baja	media	Conflictiva
3	FF+DF	alta	alta	baja	feliz
	FF+DF	media	media	baja	neutra
	FF+DF	baja	media	baja	neutra
4	FF+DD	alta	media	media	neutra
	FF+DD	media	baja	media	infeliz
	FF+DD	baja	baja	media	Conflictiva
5	FD+FD	alta	alta	alta	feliz
	FD+FD	media	alta	alta	feliz
	FD+FD	baja	media	alta	neutra
6	FD+DF	alta	media	media	neutra
	FD+DF	media	baja	media	infeliz
	FD+DF	baja	baja	media	Conflictiva
7	FD+DD	alta	alta	alta	feliz
	FD+DD	media	media	alta	feliz
	FD+DD	baja	baja	media	neutra
8	DF+DF	alta	alta	baja	feliz
	DF+DF	media	media	baja	feliz
	DF+DF	baja	baja	baja	neutra
9	DF+DD	alta	media	media	neutra
	DF+DD	media	baja	media	infeliz
	DF+DD	baja	baja	media	Conflictiva
10	DD+DD	alta	alta	alta	feliz
	DD+DD	media	alta	alta	feliz

Tabla de las expectativas

Así como también indicamos:

- La Calidad de Vida probable de la pareja
- La Duración probable de la relación,

conforme con las diez posibles combinaciones de los Factores M, y los tres niveles de Semejanza (Alta, Media, o Baja).

Tenemos que considerar estas previsiones como indicativas, porque, en la práctica, la situación de la vida de una pareja puede presentarse con innumerables variaciones.

Ahora llamamos la atención en los casos que nos interesan más, los casos donde está en juego la felicidad de la pareja y, sobre todo, donde existe riesgo de violencia psicológica o física para los protagonistas.

Las parejas con más riesgo que el lector debería valorar cuidadosamente (con referencia al Tablero) son:

a)Parejas Potencialmente Infelices

Son las parejas FF+DD con media semejanza, las FD+DF con media semejanza y las parejas DF+DD con media semejanza.

b) Parejas Potencialmente Conflictivas

Son las parejas con baja semejanza de los tipos FF+FD, FF+DD FD+DF y las DF+DD.

Entre las parejas potencialmente conflictivas se encuentran, en efecto, el mayor número de actos de violencia contra la mujer.

En este punto, recogidas las necesarias informaciones, el lector estará en condiciones de estimar la oportunidad de la elección, aunque, en todo caso, tendrá que confiar siempre en un factor que no hemos citado, pero tan importante: **la buena suerte,**

que siempre condiciona nuestro futuro.

....

Secreto nº80: Las parejas de más riesgo son aquellas en las que además de diferentes factores M, están presentes fuertes diferencias entre los dos protagonistas.

Secreto nº81: Entre las parejas de riesgo, las parejas conflictivas son aquellas donde puede crecer el germen de la violencia física del hombre contra la mujer

2. El mercado de las relaciones

Si es verdad que los más jóvenes son los más expuestos a cometer errores al elegir una pareja a causa de la facilidad de los encuentros y de la falta de experiencia, es también verdad, que los menos jóvenes corren riesgos también y con consecuencias más graves, si eligen la pareja equivocada. En los jóvenes, una relación, a menudo, es una historia que dura poco y, si hay una ruptura final, las penas, generalmente, se curan rápido.

En cambio, los menos jóvenes que buscan una nueva pareja, son personas que ya han vivido una primera relación de largo período, con o sin boda, con o sin hijos, y han padecido el sufrimiento y los daños materiales de separaciones y divorcios.

Ellos buscan y encuentran un nuevo compañero/a, pero pueden encontrarlo en la mayoría de los casos sólo entre los que ya han tenido las mismas dolorosas experiencias.

La mayoría de los separados/divorciados echan la culpa de lo que le ocurrió al "otro", pero en realidad, ellos también han sido actores y autores, en diferente medida, de lo que pasó. En relación a establecer los culpables del fracaso de una pareja, es necesario aclarar que culpar a uno o a otro está fuera de la finalidad de este manual. Sabemos que en caso de violencia física, la responsabilidad del acto final es, casi siempre, del hombre; pero hablar de responsabilidades y de culpas es solo tarea de las leyes y de la justicia. Nosotros queremos enseñar a los demás como evitar la conflictividad y los sufrimientos y daños consecuentes y en los casos de la violencia extrema, salvar Nuestro blanco, es uno solo: ¡"**Prevenir**"!

Entonces, cuando los separados/divorciados se muestran disponibles para una nueva relación, entran en un "mercado" donde pueden encontrar una nueva pareja, que suele ser divorciada/separada. De ellos, al menos la mitad son personas que se han demostrado incapaces de administrar una relación estable de largo periodo.

Si añadimos luego que muchos de ellos, amargados por cuanto han sufrido, se hallan fuertemente prevenidos frente a una posible nueva relación, se puede comprender cómo tal mercado es un terreno insidioso, donde es fácil buscarnos más problemas.

También es verdad que algunos, los mejores, han aprendido la lección y se han vuelto más conciliadores con respecto a una posible nueva pareja, pero, la mayor parte, estarán muy prevenidos. Eso es, sobre todo, verdadero para las mujeres, ya que la delicada y compleja psicología femenina sufre más daños psicológicos por la pérdida de una relación importante. Las heridas profundas causadas por separaciones y divorcios, a menudo, dejan en la mujer la general convicción de que hay que desconfiar de los hombres, porque son "todos iguales".

Los hombres por su parte, han sufrido con la separación y el divorcio, graves daños económicos, la pérdida del hogar y una traumática separación de los hijos, y ahora buscan a menudo solo una nueva relación sin compromisos ni responsabilidades.

Cautela y desconfianza son, en parte, comprensibles entre los separados/divorciados que buscan una nueva pareja. Además, una nueva relación de largo período supone ponerse de nuevo en condición de riesgo.

En oposición a estas cautelas, tenemos que considerar que a los humanos no nos gusta vivir solos, y que el malestar de la soledad puede llevar a muchos a cometer más errores al elegir una nueva pareja.

Las personas del tipo FD o DD son los que buscaran una relación de largo periodo, y formaran una nueva familia. Para ellos se suma un riesgo más: las relaciones con los hijos de la nueva pareja. En el mercado de los separados/divorciados, las mujeres en la gran mayoría viven con sus propios hijos en casa y su nuevo hombre tendrá que relacionarse con ellos: una tarea no fácil. Generalmente, los hijos han sufrido mucho por la separación de los padres y ven en la madre su única fuente de asistencia y cariño. Además, en el cerebro de los hijos, los únicos aceptados, con divorcio o sin divorcio, son los padres naturales e, instintivamente, ven en el recién llegado una amenaza para la exclusividad de la figura materna y (aún peor) una usurpación de la posición del padre natural. Una buena relación con los hijos de la nueva pareja es muy importante y a ellos se tiene que dedicar toda nuestra atención y cariño. Tenemos que recordar que los hijos no son objetos sin emociones, sólo porque no tienen la capacidad de expresar sus sufrimientos; al contrario, son los que, mientras los adultos gozan de la vida con la nueva pareja, más sufren y los que vivirán las consecuencias de este sufrimiento durante toda su vida.

Recuerdo con tal propósito lo que vi en este mercado en los EE.UU. Ahí, los padres divorciados/separados, con total indiferencia hacia los menores, se unen a una nueva pareja, hijos de ambos incluidos, y forman las, así dichas, "happy families", (familias felices); De vez en cuando, se reúnen con total naturalidad, para una barbacoa en casa de la ex pareja, la cual, a su vez, ya ha formado otra happy family con una nueva persona.

Podemos sólo imaginar lo que ocurre en la mente de los hijos envueltos en esta costumbre de las happy family múltiples: Una confusión total sobre los papeles de uno u otro de los adultos…. ¿Quién es mi padre y quién es mi madre? ¿Quién es mi amigo y quién es mi enemigo?...y un sufrimiento por la imposición de nuevas figuras de padre/madre.

Todo esto, a menudo ocurre en el periodo de la pre-adolescencia, en la edad del silencio, cuando el menor no puede defenderse ni expresar el propio malestar. No tenemos que sorprendernos entonces de tanta violencia en la juventud americana, ni de los casos extremos cuando un chaval agarra un arma, corre a su cole y ahí mata a compañeros y profesores.

Recomendación a los hombres: Al formar una nueva "familia" aclarad siempre a los menores cuál es vuestro verdadero papel y el hecho de que no queréis reemplazar a los padres naturales. Trabajad para conquistar su amistad y su confianza hablando, si es posible, (¿por qué no?) siempre bien del padre ausente.

……………………..

Secreto nº82: El mercado del cariño en el que entra el divorciado/separado en busca de un nuevo compañero/a, es un terreno muy insidioso.

Secreto nº83: Los hijos reconocen sólo a los padres naturales e, instintivamente, ven en el recién llegado una grave amenaza para su cariño con la madre y una usurpación de la posición del padre ausente.

Secreto nº84: Al formar una nueva unión, a los ojos de los menores, es importante salvaguardar la figura de los progenitores naturales.

3. La pareja conflictiva, o un drama anunciado

El método expuesto en el presente manual, si es cuidadosamente aplicado, evita con toda probabilidad formar una pareja conflictiva con una baja calidad de vida.

Como ya hemos dicho, todas las relaciones pasan por todas las fases del Diagrama del Amor, incluida la fase de la ruptura. En las parejas que hemos llamado Felices o Neutras, cuando la relación acaba, la ruptura es tranquila, pese al sufrimiento psicológico de uno, o de ambos.

En las parejas Infelices o Conflictivas no es así. En las parejas conflictivas en particular, la ruptura o la amenaza de ruptura de la relación, puede tener graves consecuencias, o un verdadero drama anunciado.

En estas parejas, la duda no es si el drama va a explotar o no, sino sólo cuándo explotará. Son condiciones donde la vida de la mujer se encuentra en grave peligro.

Nuestra experiencia y las cuantiosas estadísticas nos alertan de que la vida de la mujer está en riesgo en el caso de parejas conflictivas donde:

- El compañero o ex compañero, que tiene problemas con el alcohol, insiste en presuntas traiciones por parte de la compañera.

- El compañero o ex compañero ha recibido una orden de alejamiento por violencia de género.

- El compañero o ex compañero es una persona de diferente raza y religión con bajo nivel cultural que ya ha expresado amenazas de muerte contra la compañera.

- La mujer comunica en el curso de un altercado su decisión de separarse/divorciarse, o la presencia de otro hombre en su vida.

- El ex compañero pide a la mujer un "último encuentro ".

- El compañero o ex compañero de diferente raza y religión, con bajo nivel cultural, descubre que la compañera tiene una relación con otro.

- El hombre de diferente raza y religión, con bajo nivel cultural, se enfrenta a una compañera de fuerte hostilidad verbal que le golpea la propia autoestima.

Mas, cuando hemos identificado una pareja conflictiva en donde hay vidas en riesgo, ¿qué podemos hacer para evitar el drama?

En casi todos los países, el fenómeno de la conflictividad en las parejas y el de la violencia de género es vivido con indiferencia o con una fuerte sensación de impotencia por parte de las autoridades. En los países más avanzados se han organizado estructuras gubernamentales para la protección de las mujeres maltratadas.

Desafortunadamente, estas leyes y estas estructuras se han demostrado impotentes e ineficaces para reducir el número de víctimas mortales.

Bajo esta situación de impotencia, se han emitido leyes más severas, pero siempre dirigidas a castigar al culpable, no a prevenir el drama.

Las leyes dirigidas al castigo de los culpables, se encuentran alguna vez al límite de la constitucionalidad y el estado de derecho, porque penalizan explícitamente de manera más pesada un asesinato, cuando el culpable es el hombre.

Además, se emiten órdenes de alejamiento contra hombres a los cuales se les impone la obligación de llevar una pulsera GPS con el fin de controlarlos, si se acercan de nuevo a sus mujeres; el resultado es marginarlos más y empeorar su paranoico delirio.

Las estadísticas muestran que si el cerebro primitivo del hombre quiere matar, mata a pesar de cualquier control policial o medida restrictiva de su libertad personal.

Con eso no queremos decir que las órdenes de alejamiento son totalmente inútiles, sino que, a menudo, son ineficaces a causa del estado de alteración mental de la persona.

La ley ignora, evidentemente, la naturaleza profunda del problema. Aplica el concepto de quitar la libertad personal pretendiendo que tenga un efecto disuasorio en este tipo de crimen. No es así.

Tal disuasión funciona bien en los crímenes a nivel racional porque desanima al individuo a violar la ley, en vista del siguiente castigo; pero tal disuasión no funciona en los crímenes cometidos por el cerebro primitivo.

El cerebro pica piedra no se preocupa de las consecuencias de sus actos impulsivos, no tiene miedo de nada, ni piedad con nadie, ni si quiera consigo mismo.

Entonces, ni la ley, por muy punitiva que sea, ni la misma pena de muerte son efectivas para reducir el número de víctimas mortales.

El hombre que mata a su compañera es una persona intensamente alterada en sus facultades mentales racionales, y esto está demostrado irrefutablemente por el hecho de que, en muchos casos, este tipo de crimen es seguido por un suicidio.

Normalmente, el asesino se entrega él mismo a la policía, pero algunas veces se condena a muerte ejecutándose con sus propias manos.

Todo esto debería indicar a las autoridades cómo tratar la violencia de género, hasta concluir que la única manera para reducir las víctimas mortales es prevenir, es decir, evitar que se formen parejas conflictivas en las cuales se esconde el germen de la violencia de género.

¿Y qué podemos hacer para las parejas conflictivas ya formadas?

En las parejas conflictivas hay todavía espacio de maniobra para evitar el drama si intervenimos pronto, tratando la conflictividad y, en particular, sobre el potencial homicida.

Las únicas leyes, en nuestra opinión y experiencia, que podrán reducir el número de las víctimas, serán, en efecto, las que permitan localizar las parejas conflictivas e intervenir sobre los sujetos en riesgo, antes de que el drama surja.

Sin querer invadir la tarea de los juristas, podemos imaginar, como un simple ejemplo, que un policía de barrio, puede fácilmente conocer los casos de parejas en riesgo.

4. La pareja límite

Como regla general, antes de elegir una pareja, se debería indagar en su calidad de vida actual y escoger una persona que tenga una calidad de vida igual o mejor que la nuestra porque la calidad de vida de una relación está siempre marcada por la calidad de vida previa de los dos.

Generalmente podemos afirmar (y avisar el lector) que la calidad de vida de una relación está casi siempre cerca a la peor de las calidades de vida de los dos antes de unirse.

Esto significa que si uno de los dos tenía una calidad de vida mucho más baja, el mismo acabará con estropear la vida de su nuevo compañero/a.

Subrayamos una vez más que la calidad de vida como la entendemos aquí, no es la condición económica de la persona, sino como la persona se relaciona con los demás y consigo mismo.

Ignorar estos principios muchas veces acaba por arruinar la vida.

En la vida son muchos los casos de personas con calidad de vida normal que se une sentimentalmente a otra con calidad de vida mucho peor que la suya. Bastaría el sentido común para tomar la decisión justa en el momento de elegir a una pareja mucho peor que nosotros: irse, pero el cerebro primitivo, que al momento de elegir una pareja toma el control, no conoce el sentido común. Son estos los casos donde la nueva pareja tiene graves problemas de alcohol, de droga o presenta trastornos de tipo psiquiátrico.

A una persona que ha estropeado su vida cuando ha aceptado una pareja con calidad de vida mucho más baja que la suya, tenemos que decir que se ha ido buscando los problemas él solo.

Desafortunadamente, en la vida las cosas no son tan simples y las estadísticas muestran que en la mayoría de estas situaciones límite, la pareja con calidad de vida normal no conocía la calidad de vida (mucho mas baja) del otro.

Otras veces ocurre que uno de los dos tenía en el inicio una buena calidad de vida, pero durante el curso de la relación sufre una caída en su propia calidad de vida por un fuerte trauma como un luto, la perdida de trabajo, un grave accidente de tráfico, y se pone a beber o se cae en depresión.

Llamamos "LÍMITE" a la pareja que se encuentra en esta condición, porque constituye a menudo el límite extremo de las parejas conflictivas.

Entre las parejas límite las típicas por excelencia, por difusión y por gravedad de los riesgos es la pareja con mujer normal y hombre alcohólico.

Una mujer que sufre daños psicológicos, físicos y materiales por parte de un hombre con problemas de alcohol tiene que alarmarse y cuanto antes pedir ayuda.

El alcohol es una droga poderosa que se vuelve un maligno protagonista en el interior de una pareja o de la familia y que lleva hacia un progresivo deterioro físico y psíquico de la persona.

Muchas personas gastan su vida desestimando la gravedad del problema o ilusionándose con resolver el problema sólo por medio del "amor". La gran mayoría se arruina la vida.

Si estáis en esta situación, dirigíos a la organización AA, "Alcohólicos Anónimos", ciertamente presente en vuestra ciudad: Son los únicos que saben y pueden ayudaros.

En los casos de parejas límite se necesita intervenir cuanto antes porque está en juego la suerte y la vida misma de los protagonistas.

Pero el desarrollo de la vida de estas parejas son diferentes según si la persona límite es la mujer, o el hombre.

Analizamos los dos casos:

Caso a)**: La persona LÍMITE es la mujer**

En una pareja como ésta, donde la persona límite es la mujer, el hombre tendrá que aceptar compromisos si quiere continuar la relación y siempre, bajando su calidad de vida.

La situación se presenta particularmente difícil si se trata de una pareja con hijos; el hombre intentará aguantar hasta la inevitable separación. En los casos más afortunados, la historia de una pareja límite como ésta, termina en un divorcio, pero el riesgo de conclusiones dramáticas está siempre presente.

Generalmente, la agonía de una relación como ésta es muy larga porque él no puede separarse, abandonando a los hijos con una mujer límite. Para un hombre, conseguir un divorcio con custodia de los menores es muy difícil. En la gran mayoría de los casos de divorcio la custodia de los menores se da a la madre, y en un juicio, demostrar que una madre no está en condición de cuidar de sus propios hijos, es extremadamente difícil.

Entonces, el hombre tiene dos alternativas, o quedarse en la relación para proteger a los hijos, estropeando su vida, o marcharse, abandonando a los hijos en manos de la madre.

Caso nº13

Paolo, uno estimado profesional, temporalmente en el extranjero por trabajo, se enamora de Fabiana, una guapísima local, bajo nivel cultural, diferente religión y diferente raza. El período de la pasión es irresistible para ambos y Paolo, casado en Italia decide divorciarse y dejar a su mujer y una niña de 4 años, para vivir el gran amor de su vida, sin dar importancia a algo extraño que desde el inicio está ocurriendo.

Periódicamente, Fabiana presenta episodios de cólera descontrolada con actos de extrema violencia para una mujer, destrucción de objetos, lanzamiento de platos y vasos al suelo o contra el mismo Paolo. En la cumbre de la furia sale de casa y desaparece durante varios días.

La gravedad de los hechos es tal, que Paolo piensa que la historia ha terminado y, tranquilo, acepta el sufrimiento de la ruptura... Y así hubiera sido si Fabiana no reaparece en la puerta de casa, tirándose a sus brazos y pidiendo perdón: nueva pasión irresistible y, por fin, la paz.

Ella justifica su comportamiento con razones de celos o de costumbres locales. Aclara que en su país cuando la mujer pelea con su hombre vuelve a casa de los padres durante algunos días.

Después, el hombre debe ir a la casa de los padres para recuperarla, llevando regalos.

Paolo, que se encuentra de lleno en la fase de la pasión (cerebro primitivo), acepta tal explicación (¡habría también aceptado cualquier otra!) y todo empieza de nuevo. Después de un par de semanas una nueva crisis, nueva violencia, nueva huida, nueva vuelta, nueva paz, etc..... Con este comportamiento de pelear, huir, volver para una desenfrenada sexualidad, esta mujer ha aplastado el cerebro de Paolo en la fase de cerebro primitivo y puede hacer lo que le dé la gana con él, cierta de una absoluta impunidad y de un total dominio del hombre.

Pronto empiezan pedidos de dinero: necesita dinero para calmar a la familia que le da problemas por relacionarse con un extranjero, tiene que pagar deudas anteriores, necesita ayudar a una hermana en dificultades, etc....

La relación continúa de esta forma hasta el momento en que el trabajo de Paolo ha terminado y tiene que volver a Italia.

El asunto de una inminente separación es usado como justificante.

Crisis siempre más violentas: Fabiana no quiere perderlo y pretende que se la lleve a Italia. Paolo acepta con la ilusión de que llevándola podría, por fin, vivir en paz con ella: ¡un error fatal!

En Italia, Paolo tiene que divorciarse y enfrentarse con muchas dificultades; pero después de un tiempo, las crisis de Fabiana empiezan de nuevo. Esta vez, las justificaciones son mucho más pesadas: la separación de su familia, el vivir en un país extranjero, sentirse marginada por su raza, enfrentarse con una cultura desconocida, etc.....y más pesadas resultan también las nuevas pretensiones:

Quiero una casa mía, quiero casarme, necesito mandar dinero a mi familia, etc.....Finalmente, después de dos años de esta situación, el cerebro primitivo de Paolo se apaga a favor de su cerebro racional y Paolo, por fin, empieza a abrir los ojos;

piensa romper la relación y marcharse, pero es demasiado tarde.

Un hijo ha nacido ya de la relación y esto empeora la situación. Con un niño, que ciertamente un tribunal daría a la madre, no tiene el valor de huir, abandonando a la criatura. Además, Fabiana ha tomado la costumbre de traer a casa amigos y amigas de su nacionalidad, que encuentra en las calles, quedándose con ellos a comer, beber, dormir, y hacer fiestas, todo, naturalmente, a cargo de Paolo.

Finalmente, después de 4 años de esta convivencia, ¡Paolo acaba por descubrir el misterio por sí mismo!

Un domingo de primavera, solo en casa, decide limpiar varias grandes macetas, casi sin flores, que tiene colgadas en el balcón...

Las macetas están en estado de abandono y se trata de mezclar la tierra, quitar la mala hierba, añadir fertilizantes y poner nuevas semillas.

En la primera maceta, Paolo hunde el utensilio de jardinero en la tierra y advierte algo duro. Pensando que sería una piedra, remueve el mantillo y con sorpresa, ¡encuentra una pequeña botella de vodka!

Continúa cavando y, en la misma maceta, descubre una docena de botellitas (las que se venden en las barras de los bares) de vodka, whisky, coñac, etc..... Pasa a la segunda maceta y luego a la tercera. Al final acaba desenterrando unas cincuenta botellitas. Con lágrimas en los ojos, se lava las manos, entra a casa y se pone a registrar: en los rincones más escondidos de los armarios, bajo la ropa y tras los vestidos, salen ocho botellas de un litro de alcohol, ginebra, vodka, y whisky; una botella está todavía por la mitad.

El mundo se le derrumba encima: la mujer que ha querido con todo su ser, por la que ha dejado una esposa y una niña, la persona a la que ha dedicado todo su dinero, es una alcohólica compulsiva desde siempre, desde el primer día que la encontró; las crisis de violencia y el huir son causados por un beber compulsivo.

¿Cómo ha podido no enterarse hasta ahora?

Pensándolo bien, Paolo descubre que Fabiana es una actriz extraordinaria; cuando no bebe se comporta como una persona normal, una buena mujer que cuida de la casa y de los hijos, pero luego, cuando está sola en casa, se traga media botella (o más) de whisky y se trasforma en otra persona: un verdadero caso de Dr. Jekyll y Míster Hide.

Paolo elegirá no abandonar a su hijo y después de años de estudio, descubrirá que el alcoholismo femenino es así.

La mujer que bebe lo hace escondida y gasta su inteligencia y su femineidad para esconder su enfermedad (porque de una enfermedad se trata) a los demás.

Seguirán años de sufrimiento inenarrable, entre psicólogos, psiquiatras, neurólogos, hasta llegar a la asociación de alcohólicos anónimos "AA" como la llaman en todo el mundo, los únicos que pueden hacer algo en casos como éste.

Pero en el caso de Fabiana todos estos esfuerzos resultaran inútiles. Los abogados, que no saben cómo demostrar las condiciones de la mujer, aconsejan a Paolo esperar a que los hijos sean grandes, ya que según la práctica forense, en caso de divorcio, hijos y casa siempre son para la madre. Cuando los hijos son grandes, Paolo se presentará en el tribunal pidiendo el divorcio por culpa, mas Fabiana renunciará voluntariamente a la custodia de los dos hijos. El drama acaba así.

Caso nº14: Culpa de las hormonas

En una comida en Valencia entre una "paella" con gambas y un vaso de sangría, estuve tiempo hablando de la conflictividad de la pareja. Mis amigos españoles se mostraron sorprendidos y, al mismo tiempo, curiosos del método "M" y de sus muchas implicaciones. Fue una buena noche de socialización y publicidad para la futura traducción del libro.

La mañana después recibí una llamada; una persona del grupo de la noche anterior, Pedro, quería verme, cosa que acepté de todo corazón.

Nos encontramos en un bar del puerto, en un espléndido marco de sol y turismo, una de aquellas mañanas del todo españolas con tapas de jamón, mariscos y anchoas: Una delicia.

Pedro era una buena persona a primera vista, y en breve rompió el hielo contándome su historia.

Tenía una relación con Susy, una inglesa de 30 años, madre soltera de una niña de 3 años, que se había trasladado a Valencia hacía poco tiempo.

La relación era un verdadero infierno. Peleas y discusiones continuas, sobre todo por parte de ella, a la que nada le parecía bien de lo que Pedro decía o hacía. Si en el curso del día no ocurría nada que desatara los nervios de Susy, ella buscaba combustible para pelear en cosas ocurridas en el pasado. Torcía todos los hechos de forma tal para pelear y reprochar. A él no le quedaba más remedio que callarse o salir de casa.

Pedro no era sólo quien sufría los nervios de Susy: ella, a la mínima ocasión, peleaba con todos, en el mercado, en la oficina, en correos, etc.…un genio difícil de aguantar.

Observando a Pedro se podía percibir su gran malestar, casi una desesperación resignada, su impotencia al sentirse inocente e impotente. Pedro me pidió consejo sobre qué hacer, pero expliqué que las indicaciones que me daba no eran suficientes para expresar una opinión. Sin embargo, pensé que quizás la diferente cultura entre los dos tenía un peso en la conflictividad de la pareja. Hice algunas preguntas al respecto. Susy además de ser inglesa, era de religión protestante, y hacía solo tres años que vivía en España.

Al contrario, Pedro era católico, español pura sangre.

¿Podría esto explicar tanta conflictividad? Tal vez.

La conversación acabó allí y acordamos vernos dentro de pocos días para un coloquio más serio y dirigido.

Encontré a Pedro después de un mes con la misma desesperación, así que le expliqué que antes de exponer mi opinión sobre la diferente cultura como causa de la conflictividad de la pareja, yo necesitaba encontrarme con Susy. Recordando lo que Pedro me había contado, yo imaginaba que Susy habría rechazado el encuentro, pero al contrario, aceptó.

¡Fue un encuentro revelador!

Susy me confió que, aunque estaba convencida de que la culpa de todo era de Pedro, porque, " so deeply spanish", es decir", era tan profundamente español, ella, durante algunos días del mes se sentía terriblemente nerviosa y agresiva. La sola presencia de Pedro le molestaba, la irritaba hasta el extremo y sentía la necesidad urgente de quitárselo de encima, casi de eliminarlo físicamente.

Me aclaró luego que lo que ella llamaba episodios de nerviosismo, explotaban en una agresividad verbal incontenible, un arroyo continuo e imparable de gritos, acusaciones y reproches. Durante los cuales cualquier comunicación con ella resultaba imposible.

Llegué a la conclusión de que la razón de tanta conflictividad no estaba en la diferente cultura, sino en las hormonas.

¡Susy sufría una grave forma de síndrome premenstrual!

Le explique a Pedro lo que ocurre en las mujeres que padecen casos graves de síndrome premenstrual y cómo nosotros hombres, a menudo, ignoramos la importancia que tal trastorno tiene en la vida de una mujer.

Consejo final: ir a un endocrinólogo.

Pedro me llamó después de 6 meses: Susy estuvo en cura hormonal y la situación había mejorado mucho, pese a que ella continuaba reprochándole ser "Deeply Spanish".

Caso b)**: La persona LÍMITE es el hombre**

Son los casos más numerosos.
Recordamos que Madre Naturaleza ha entregado a la mujer la

tarea y el instinto de cuidar de los hijos y de la familia. Ella es el origen de la vida y la continuación de la especie, y todo eso la mujer lo demuestra, y lo respeta, en una pareja Límite, hasta el extremo sacrificio.

Caso de un hombre "límite" es cuando él es un alcohólico, un drogadicto o sufre de serios trastorno psiquiátricos.

El lector me perdonará si insisto en el caso del alcoholismo, pero el escribiente, como experto en la materia, tiene el deber de informar al lector que, aunque otras formas de drogadicción presenten aspectos sumamente dramáticos, el alcohol goza del triste record de ser, desde siempre, la droga más destructora de la pareja y de la familia.

La humanidad conoce el alcohol desde hace diez mil años y hoy las estadísticas enseñan que el 10% de la población adulta tiene problemas en la familia por culpa de la bebida.

Podemos sólo imaginar los sufrimientos causados en el curso de los siglos por esta droga tremenda.

La Organización Mundial de la Salud identifica el alcoholismo como una enfermedad y define "alcoholizada" a una persona que por beber se causa problemas a sí misma y a los demás.

A las mujeres desesperadas que tienen una relación de amor con un hombre que no controla la bebida, enviamos una vez más un consejo: pedir ayuda a "AA", Alcohólicos Anónimos.

El lector no tiene que sorprenderse si aquí no se habla de otras parejas que están en condiciones más precarias de las que hemos indicado como parejas LÍMITE. Hablamos de parejas donde ambos tienen problemas de alcohol y drogas. Al contrario, se puede ver que estas parejas, aunque vivan en condiciones económicamente miserables, muchas veces se llevan bien entre sí. Ellos tienen algo muy importante en común, la adición a una droga, y, en el lleno respeto del Principio de la Semejanza, el nivel de conflictividad como pareja es bajo.

....

Secreto nº85: Siempre deberíamos elegir una pareja que, en general, sea mejor que nosotros, de modo que pueda mejorar con su presencia nuestra calidad de vida.

Secreto nº86: Alcohol y drogas son los más grandes enemigos de las relaciones y la familia, y constituyen un serio peligro para la persona sana de la pareja.

Secreto nº87: Las parejas LÍMITE son la degeneración de las parejas conflictivas, cuando uno o ambos caen en problemas de drogadicción o presentan problemas psiquiátricos.

Secreto nº88: La calidad de vida de una pareja límite, generalmente, es igual o menor a la calidad de vida que la persona LÍMITE tuvo antes de la relación.

Secreto nº89: Si la persona LÍMITE es la mujer, generalmente, la conclusión de la historia es la separación o el divorcio después de años de sufrimientos.

Secreto nº90: Si la persona LÍMITE es el hombre, la conclusión de la relación puede ser dramática, sobre todo para la mujer.

5. La pareja clandestina

Madre Naturaleza quiere que nos emparejemos y el instinto que nos empuja hacia una persona que contesta a nuestro modelo de pareja, no se calma con la boda o la convivencia con alguien; solamente se pone en "espera" para otras ocasiones.

En nuestra sociedad, la educación, la religión y las leyes actúan para evitar que este instinto haga daño a las parejas y a las familias, pero no siempre lo consiguen.

Las estadísticas indican que el 40% de las parejas sufren una traición por parte de uno de los dos en el curso de su historia.

Recientes estudios han mostrado la existencia de un gen que predispone a una persona a la infidelidad y que algunas mujeres mantienen un persistente instinto para buscar una pareja siempre mejor que la que tienen. Esto no tiene que sorprender si pensamos que a Madre Naturaleza le importa sólo una cosa: ¡que nos reproduzcamos!

En la sociedad moderna, la facilidad de los encuentros hace el resto. Es un hecho que buena mitad de los adultos casados o convivientes viven relaciones clandestinas fuera de su unión, igualmente distribuidos entre hombres y mujeres.

Pregunta: ¿En qué terrenos brotan y florecen la mayor parte de las relaciones clandestinas? ¡Claro: en el ambiente de trabajo!

Y es fácil entenderlo. Basta reflejar que trabajando convivimos más tiempo con nuestra secretaria, sólo por dar un ejemplo, que con nuestra compañera de vida: ocho horas al día, cinco días a semana y que la promiscuidad crea oportunidades.

Podemos decir que el ambiente de trabajo es el verdadero Cupido de las relaciones clandestinas.

¿A qué personas este moderno Cupido prefiere para una relación clandestina? Claro: las que fuera del trabajo tienen ya una relación infeliz o conflictiva.

Una mujer que vive una relación infeliz o hasta conflictiva es una fácil presa para un colega de trabajo en busca de aventuras.

El sufrimiento, la necesidad de libertad, de sentirse válida y de atenciones, preparan a la mujer para la fuga afectiva y la traición.

La naturaleza juega perversamente el resto, empujando a los dos al emparejamiento sexual a través de fortísimas emociones (o descargas hormonales). El sentido de lo prohibido, el peligro de ser descubiertos, la precaria disponibilidad de la nueva pareja, es una fórmula explosiva para un poderoso caldo de hormonas, Testosterona y Dopamina ante todo.

Los protagonistas piensan que su relación clandestina es o ha sido el gran amor de su vida, pero, en realidad, generalmente no es así; es Madre Naturaleza quien, vistas las dificultades y las incertidumbres de los encuentros, empuja a fondo el acelerador de las emociones y de las sensaciones.

Como tal, una relación clandestina está bajo el total domino del cerebro primitivo que, ya lo sabemos, no se preocupa de la futura calidad de vida de la relación. El cerebro racional sí se preocupa del futuro de la relación y, dado que una relación clandestina no tiene perspectivas de futuro, (aquí no existe futuro, descendencia, vida social, o vida en común) cuando en uno de los dos el cerebro primitivo cede el control al cerebro racional, esta persona madurará la intención de romper la relación.

Entonces, será tarea del cerebro racional encontrar una manera para salir de la historia con el mínimo daño, empresa bastante difícil porque la mayoría de las relaciones clandestinas acaban mal.

Desde nuestro punto de vista se trata de relaciones anómalas porque no siguen el diagrama del Amor o lo siguen sólo en parte. El inicio es casi explosivo: no se piensa si es conveniente o no, el empuje hacia una relación clandestina es demasiado fuerte.

El cerebro racional de cada uno de los protagonistas llega todavía a pensar acerca de los riesgos y de los errores de tal relación clandestina, pero estos pensamientos no están acompañados con emociones negativas (sentido de culpa, miedo de perder la familia etc.…) bastante fuertes para parar los eventos: el cerebro primitivo domina totalmente la situación.

Después, una relación clandestina al final del período de la pasión muere de muerte precoz como muestra la Fig.6) y es la mujer, normalmente, quien da el golpe de gracia.

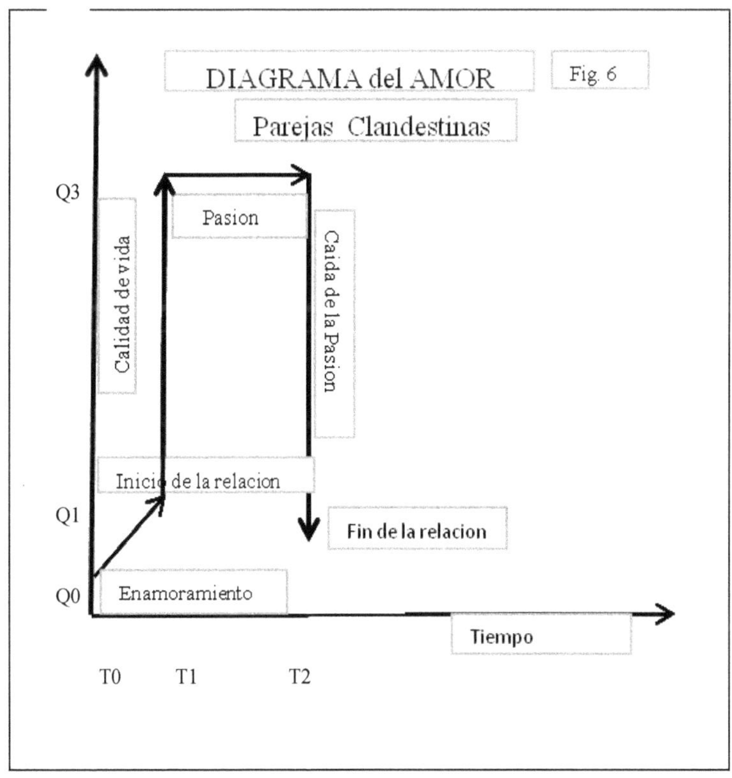

A la mínima bajada del arroyo hormonal, la mujer pone en marcha su cerebro racional y se pregunta

¿qué estoy haciendo aquí?

y la respuesta es obvia: **¡nada!**

El hombre, al contrario, tiende a quedarse en una relación clandestina mucho más que la mujer; para él todo es cómodo y fácil: encuentros llenos de erotismo, ninguna responsabilidad, y ninguna obligación, solo algún pequeño regalo de vez en cuando y unas pocas mentiras. Se comprende, por lo tanto, porqué normalmente no es el hombre quien pide interrumpir una relación clandestina. Al final, Madre Naturaleza, una vez conseguido aquello que quiso, es decir el emparejamiento, abandona a la mujer a su suerte; es ella quien pagará el precio más alto, ya que, sea por naturaleza, sea por cultura, la traición por parte de la mujer es considerada mucho más grave que la del macho.

Además, la psicología femenina puede sufrir muchos más daños que la masculina porque es mucho más compleja y delicada.

El sentido de culpa que una mujer puede sufrir por haber traicionado es algo casi desconocido para un hombre.

Un hombre vuelve a casa con un ramo de flores para su mujer y todo está resuelto. Para la mujer no es tan fácil.

Sólo en pocos casos, se me ha pedido opinión sobre iniciar, o no, una relación adúltera; en muchos otros casos he asistido impotente a las desgracias que ha traído sobre todo para la mujer.

Las relaciones clandestinas salen antes o después a la luz, o durante la relación misma, o años después que la relación se ha acabado. La mujer se encuentra expuesta a dos graves riesgos: la reacción de la pareja traicionada y la reacción de la pareja clandestina que ella ha dejado o que quiere dejar; dos hombres el uno con una traición, y con un abandono el otro, es decir dos individuos que reaccionaran bajo control de su cerebro primitivo.

En muchos casos la situación se resuelve con pocos daños, pero en otros, la mujer puede pagar muy cara la aventura vivida.

Una traición o un abandono caen bajo el cerebro primitivo del hombre; el cerebro primitivo, como ya hemos dicho varias veces, no conoce piedad ni para la mujer ni tampoco para sí mismo: una condena a muerte para ambos es bastante frecuente, incluso en las sociedades más modernas.

No tenemos estadísticas respeto a las consecuencias de la traición por parte de la mujer, pero no podemos olvidar que en algunas culturas de hoy y en muchas culturas del pasado, la traición de la mujer es y fue castigada con la pena de muerte.

Entonces: ¿Cómo salvaguardar el sacrosanto derecho de una persona,(mujer u hombre), de vivir su propia vida, como ella quiere? Simple: ¡rompiendo, si vale la pena, la relación anterior y viviendo la nueva sin engañar o traicionar a nadie!

¡Pero, de verdad, normalmente no vale la pena!

....

Secreto nº91: La mitad de los adultos casados o convivientes viven relaciones fuera de su unión, igualmente distribuidos entre hombres y mujeres.

Secreto nº92: Generalmente es la mujer quien paga el precio más alto ya que, sea por la naturaleza, por los instintos o por la cultura, la traición por parte de la hembra es considerada mucho más grave que la del macho.

....

6) **La unión de conveniencia**

Además de las parejas clandestinas se encuentra a menudo otros tipos de parejas "anómalas" que no siguen el diagrama del Amor: son las uniones de conveniencia.
Las uniones de conveniencia son en las que uno de los dos entró en la relación sin amor, sólo por conseguir una buena posición económica o social.

En el pasado, cuando los padres imponían la boda a sus hijos, esta relación era muy común. Al tiempo de hoy los padres han perdido este poder (gracias a Dios),
pero las parejas de conveniencia, aunque de forma diferente, continúan presentes en las estadísticas.
En Europa en los últimos treinta años se ha ido creando un flujo inmigratorio desde los países del Este , que ha traído decenas de miles de mujeres jóvenes y a menudos muy atractivas en busca de una solución de vida.
Al mismo tiempo, en el Oeste Europeo se ha disparado el número de separaciones y divorcios creando una gran cantidad de hombres no más jóvenes y solteros.
Es decir, oportunidades para uniones de conveniencia:
De un lado muchas mujeres inmigrantes que necesitan de todo, una posición legal, permiso de trabajo, residencia, etc...., de otro lado una gran cantidad de hombres divorciados o separados, en busca de una mujer.

Queremos aclarar que no tenemos nada contra las mujeres inmigrantes: son personas que han abandonado su propio país por la desesperación de no encontrar otra solución de vida y ellas hacen bien buscando un hombre como solución. ¡Pero atención!

La misma cosa decimos a los hombres separados/divorciados: está bien buscarse otra mujer. ¡Pero atención!

Los dos, hombres y mujeres, deberían, antes de todo, estar seguros de que aman al elegido/a porque en caso contrario, la unión en la gran mayoría de los casos está destinada al fracaso. En situaciones como estas, el hombre se mueve sobre todo por necesidades sexuales, lo que significa que actúa bajo el control

de su cerebro primitivo; además, una mujer joven y atractiva que en su propio país estaría totalmente fuera de su alcance, estimula su libido y su auto-estima.
La mujer al contrario se mueve por necesidades materiales, lo que significa que ella actúa bajo control de su cerebro racional necesitando a menudo mantener también familia e hijos que ha dejado atrás.
Entonces está claro que este tipo de unión asegura un choque entre un cerebro primitivo y un cerebro racional y como tal, es una unión destinada al fracaso en la mayoría de los casos. Se trata sólo de ver cuál es el precio que cada uno pagará.
En el inicio todo va bien porque el hombre bajo el control de su cerebro primitivo está listo para pagar cualquier precio por acostarse con la hembra; esto, mientras que la mujer corresponde a sus necesidades sexuales.
Pero la mujer bajo control de su cerebro racional pronto se cansará de la presión del hombre y bajará su disponibilidad; éste, a su vez, empujará con renovadas exigencias. Hemos ya comentado la reacción de una mujer frente a la insistencia por parte del hombre: se trata de una situación muy peligrosa sobre todo para la mujer.
Además estamos frente a parejas con fuertes diferencias en los factores de semejanza (RECRE) lo que lleva a una marcada conflictividad. Muchas de las víctimas de la violencia de género se encontraban en esta situación antes del drama.
Pero las uniones de conveniencia no son exclusividad de las mujeres inmigrantes.
Particularmente tristes son los casos donde una mujer muy joven y atractiva se empareja con un hombre muy mayor y muy rico.
¡Hemos visto casos de hombres millonarios (americanos) de 90 años casarse con chicas ex actrices 60 años más jóvenes!
¿Qué más queréis?

¿Son hombres que han perdido la cabeza, como dicen amigos y parientes?
¡No, no han perdido la cabeza, aún la tienen!
Pero es el cerebro primitivo quien controla su elección, y como varias veces hemos comentado, el cerebro primitivo no tiene escrúpulos, no se preocupa de las conveniencias y de las consecuencias, quiere sólo emparejarse con la hembra a cualquier precio y el precio que estos hombres en la última parte de su vida pagan es muy alto, sobre todo en relación a hijos, parientes y amigos.

RESUMEN DEL CAPÍTULO VI

Secreto nº80: Las parejas de más riesgo son aquellas en las que además de diferentes factores M, están presentes fuertes diferencias entre los dos protagonistas.
Secreto nº81: Entre las parejas de riesgo, las parejas conflictivas son aquellas donde puede crecer el germen de la violencia física del hombre contra la mujer
Secreto nº82: El mercado del cariño en el que entra el divorciado/separado en busca de un nuevo compañero/a, es un terreno muy insidioso.
Secreto nº83: Los hijos reconocen sólo a los padres naturales e, instintivamente, ven en el recién llegado una grave amenaza

para su cariño con la madre y una usurpación de la posición del padre ausente.

Secreto nº84: Al formar una nueva unión, a los ojos de los menores, es importante salvaguardar la figura de los progenitores naturales.

Secreto nº85: Siempre deberíamos elegir una pareja que, en general, sea mejor que nosotros, de modo que pueda mejorar con su presencia nuestra calidad de vida.

Secreto nº86: Alcohol y drogas son los más grandes enemigos de las relaciones y la familia, y constituyen un serio peligro para la persona sana de la pareja.

Secreto nº87: Las parejas LÍMITE son la degeneración de las parejas conflictivas, cuando uno o ambos caen en problemas de drogadicción o presentan problemas psiquiátricos.

Secreto nº88: La calidad de vida de una pareja límite, generalmente, es igual o menor a la calidad de vida que la persona LÍMITE tuvo antes de la relación.

Secreto nº89: Si la persona LÍMITE es la mujer, generalmente, la conclusión de la historia es la separación o el divorcio después de años de sufrimientos.

Secreto nº90: Si la persona LÍMITE es el hombre, la conclusión de la relación puede ser dramática, sobre todo para la mujer.

Secreto nº91: La mitad de los adultos casados o convivientes viven relaciones fuera de su unión, igualmente distribuidos entre hombres y mujeres.

Secreto nº92: Generalmente es la mujer quien paga el precio más alto ya que, sea por la naturaleza, por los instintos o por la cultura, la traición por parte de la hembra es considerada mucho más grave que la del macho.

CONCLUSIONES

(¿Cómo tengo que decirte-lo?)

En una canción napolitana de los tiempos pasados, que los italianos menos jóvenes recordarán, una madre desgraciada ruega al hijo enamorado que se quite de la cabeza aquella bonita rubia que no es para él, y que está entrampándolo con sus carantoñas.

La mamá, en la canción del título "Scapriciatiello" cantaba

(en dialecto napolitano):

Tutt' 'e mmatine, mamma, dint' 'a cchiesa,
prega, pe' te, 'a Madonna e nun repòsa

Comme te ll'aggi''a dí ca nun è cosa?!
Chella nun è pe' te... chella è na 'mpesa!

Alluntánate 'a 'sta "maésta"
ca te pierde, figlio 'e mammá, es decir:

Traducción:

Todas las mañanas mamá va a la iglesia y reza a la Virgen para ti y no descansa. ¿Cómo tengo que decirte-lo que no es cosa buena? Ella no es para ti...es una cualquiera....apártate de esa mujer porque vas a perderte, hijo mío...

En estos pocos versos se describe el peligro de una posible elección equivocada del joven y toda la preocupación de la madre por la suerte del hijo que arriesga arruinarse la vida.

Son los ruegos y las recomendaciones de un tiempo lejano, cuando los padres con su experiencia de vida y con su carisma ayudaban a los hijos en la elección de una pareja que pudiera asegurarles una buena calidad de vida futura.

Sin embargo, no es casualidad que la canción indica a la mujer como un peligro para el hombre, y no viceversa, porque una mujer equivocada puede arruinar a un hombre la vida.

¡No! ¡Es verdad también al contrario! Algunos gritarían, (y con razón), sobre todo las mujeres, pero tenemos que pensar que una mujer, por el gran e incomparable valor que tiene para un hombre (¡desde su nacimiento!), puede hacer mucho más bien o mal a su compañero, que al revés.

Pero pareja justa o pareja equivocada, al tiempo de hoy los jóvenes están solos para elegir y necesitan ayuda.

Los menos jóvenes, los que han perdido una primera pareja, y tratan de reconstruirse una vida, no se encuentran en una situación mejor. Para ellos, el riesgo de acabar con la calidad de su vida ya dañada por una primera elección equivocada, es todavía mayor.

Jóvenes y menos jóvenes hoy están solos al elegir pareja, pero irónicamente no lo estarán cuando finalmente se trate de pagar las consecuencias de una elección equivocada, ya que también su pareja y muchas veces los hijos, pagarán con ellos.

Pero así es:

¡Una pareja equivocada puede arruinarnos la vida!

Las parejas conflictivas constituyen un mundo invisible de gran extensión hecho de dramas y sufrimientos, una verdadera llaga social, un real problema de salud pública.

Percibimos la dimensión del problema por eventos externos como separaciones, divorcios y actos de violencia, mas tenemos que considerar que estos eventos constituyen sólo la punta del iceberg de este fenómeno. Tras cada separación, cada divorcio, cada acto de violencia que se puede ver, hay millares de parejas que viven mal, aunque en el silencio de su hogar.

¿Es posible cambiar? ¡Cierto que sí!

¡Sí, es posible evitar arruinarse la vida porque la conflictividad de una pareja y los innumerables daños que siguen son previsibles!

Un estudio atento de las estadísticas y un análisis cuidadoso de muchos casos prácticos, han enseñado que existen factores que siempre acompañan a una pareja conflictiva, llevando a la conclusión de que estos factores desempeñan un papel determinante en su calidad de vida.

Si en una pareja que se va a formar, conseguimos identificar la presencia eventual de estos factores, estaremos en condición de indicar en términos de probabilidad cuál será su calidad de vida, y cómo la historia acabará.

Sabemos que la conflictividad en la pareja tiene raíces profundas en el instinto humano y particularmente en el cerebro primitivo de un hombre. En el mundo primitivo (por millones de años) la agresividad y la violencia han sido parte de un comportamiento necesario para sobrevivir. Después, madre Naturaleza consigue la continuación de la especie a través de la sexualidad y la descendencia con la estructura de la familia. Estos objetivos primarios para nuestra existencia en este mundo, han estado siempre bajo el dominio de nuestro cerebro más antiguo: Un cerebro primitivo, hecho para defender estos objetivos con firmeza, determinación y, si es necesario, con agresividad y violencia.

Cuando el cerebro humano ha desarrollado la racionalidad se ha presupuesto una acción de control sobre el cerebro primitivo y en los últimos millares de años, un tiempo irrisorio medido en términos de evolución, se han introducidos reglas legales, morales y religiosas, directas a poner tales poderosos instintos bajo control, pero con resultados sólo parciales.

Pero, en los hombres modernos, o algunos de ellos, el control sobre los impulsos del cerebro primitivo es débil, así que, cuando se habla de pareja, agresividad y violencia todavía persisten.

Pero no va a continuar así para siempre.

La humanidad en todas sus diversidades y culturas va aprendiendo que agresividad y violencia en la pareja son cada día menos necesarias y a respetar al más débil de los dos: la mujer.

El presente trabajo es un pequeño, modesto paso, en este rumbo.

Además, el hombre está aprendiendo la estructura profunda de la maravilla de la vida, derrotando enfermedades que por millones de años lo han afligido. Entonces, no es atrevido pensar que un día la tecnología médica podrá eliminar totalmente la agresividad y la violencia de nuestro cerebro.

Aplicado a las relaciones, esto significa que viviremos en paz con nuestra pareja. Pero en espera de aquel día tenemos que continuar nuestro esfuerzo para controlar nuestro cerebro de la edad de piedra. Sabemos que, por más duras que sean las leyes, no pueden evitar los daños de la agresividad y de la violencia.

¿Entonces, qué hacer? ¡Podemos prevenir!

Es posible prevenir sufrimientos y daños materiales en un importante porcentual de los casos, evitando formar parejas conflictivas: el nido de la agresividad y la violencia de pareja.

Se puede asegurar una buena calidad de vida en una relación, localizando la presencia de los factores contaminantes al momento de formar una pareja. También en las parejas ya formadas, es importante averiguar la presencia de estos factores porque se puede indicar a los protagonistas las raíces de sus problemas y adoptar acciones correctivas.

Nuestro método, el método "**M**" se presta perfectamente para esta finalidad. Se trata de un método simple, de aplicación intuitiva y espontánea. Pero, pensándolo bien, la utilidad del método "M" va más allá de una apropiada elección de pareja. Todas las relaciones humanas obedecen a los mismos principios que hemos presentado para la elección de la pareja. Amigos y compañeros de trabajo con alta semejanza RECRE son con los que podemos tener una buena calidad de vida. Entonces, usemos el método M en todas nuestras relaciones y, de esta forma, mejoraremos la calidad de nuestra vida y la de los demás.

FIN

www.ingramcontent.com/pod-product-compliance
Lightning Source LLC
Chambersburg PA
CBHW071419090426
42737CB00011B/1515